U0815787

一 个 人 ， 遇 见 一 本 书

TopBook
蠹书客

《变形金刚》《霍比特人》《哈利·波特》中的神奇世界

梅林法师、亚瑟王、圆桌骑士、德鲁伊、仙女、吸血鬼、无头骑士

凯尔特人的悲凉历史

欧洲大陆最古老的传说

Celtic mythology

凯尔特神话

铁剑与长矛 号角和双轮战车

征服者书写的壮丽神话

龚 琛○著

TopBook 謷书客

陕西新华出版传媒集团

陕西人民出版社

图书在版编目（C I P）数据

凯尔特神话 / 龚琛著. — 西安 : 陕西人民出版社,
2017
ISBN 978-7-224-12239-8

Ⅰ. ①凯… Ⅱ. ①龚… Ⅲ. ①克尔特人－民族历史－
通俗读物 Ⅳ. ①K560.8-49

中国版本图书馆CIP数据核字(2017)第132514号

出 品 人：惠西平
总 策 划：宋亚萍
出版统筹：关 宁
策划编辑：韩 琳 王 凌
责任编辑：王 倩 张启阳
整体设计：侣哲峰 崔 凯
图文制作：毛小丽 唐懿龙 李 静 杨 博 王 芳 张英利 任晓强
张玉民 符媛媛 张 静 任敏玲 张 斌 任海博

凯尔特神话

作　　者　龚 琛
出版发行　陕西新华出版传媒集团　陕西人民出版社
（西安北大街147号　邮编：710003）
印　　刷　陕西隆昌印刷有限公司
开　　本　787mm×1092mm　16开 14.75 印张
字　　数　206千字
版　　次　2017年9月第1版　2025年7月第10次印刷
书　　号　ISBN 978－7－224－12239－8
定　　价　48.00元

前 言

数千年前，成千上万的凯尔特人纵横在从小亚细亚直到爱尔兰岛的亚欧大陆上。他们挥舞着铁剑和长矛，驾着双轮马车，吹着号角；他们威胁过希腊的生存，洗劫了罗马城；他们被“文明世界”视为狂热的好战者。当他们被击败、被征服，被迫退缩至“世界的尽头”——爱尔兰岛后，在胜利者所书写的历史中，再也找不到凯尔特人的骄傲与辉煌。

对于一个消失于历史长河中已有两千余年的文明而言，如今世界上那些自称凯尔特人的族群很难说是当初那些蛮族真正的后裔。在爱尔兰、威尔士、苏格兰、布列塔尼、马恩岛和康沃尔生活的各个民族都已经不再讲凯尔特语，也不信奉德鲁伊教。凯尔特神话中的诸神经过罗马化、基督化的反复清洗，早已被埋藏在历史的残垣断壁中了。

但是否凯尔特人的精神世界已经无法凭吊，凯尔特文化的遗产也烟消云散了呢？当然不。随手打开欧洲地图，那些耳熟能详的名字——伦敦、巴黎、多佛尔、曼彻斯特、波尔多、泰晤士河……这些地名都源于凯尔特语。

就凭这些让我们向往的名词，也该去认识那些为其命名的古代蛮族吧？

凯尔特人留给后世的当然不止地图上的几个名词：还记得苏格兰男子所穿的方格裙么？那些色彩鲜艳的方格图案是凯尔特人留下的文化遗产。英格兰王室曾经在漫长岁月中不遗余力地扼杀凯尔特文化，铲除那些可能会导致凯尔特后裔分离叛乱的思想萌芽。但讽刺的是，王室也爱上了凯尔特风，男性的王室成员基本都穿过方格裙。

论起凯尔特文化对欧洲最伟大的贡献，那一定是伟大的亚瑟王传说了。现在我们都知道亚瑟王的传说源自凯尔特神话，但欧洲人花了相当长时间才逐渐承认这一点。之所以会如此，不仅因为这段传说曾被基督教文化处心积虑包装改扮，更因为从罗马时代开始的漫长抹黑过程，已经让凯尔特这个词汇与愚昧野蛮画上了等号。

所幸凯尔特文化在现代欧洲正在复兴，人们对爱尔兰语、威尔士语、苏格兰盖尔语等凯尔特语言的重视逐年增加，不列颠岛上不再是英语的铁桶江山了。此外，凯尔特神话传说给予英国奇幻作家以无穷的想象空间，从《霍比特人》到《哈利·波特》，有太多的凯尔特文化元素在现代的文学舞台重新绽放。

所以，才会有摆在您面前的这本书问世。

它讲述凯尔特人悲凉的历史，介绍凯尔特人残存的神话，展现有幸延续至今的爱尔兰、威尔士的民间传说。

它试图引领读者透过迷雾，看清历史长河另一边的河岸，俯身拾取散落在淤泥中的闪闪金沙。那是凯尔特文化经过漫长岁月洗礼之后沉淀的精华，它不单是一些名词，一些图案，同时也是一种对生活的态度和对生命的阐释。

毕竟蛮族不等同于野蛮愚昧，质朴定然胜过道貌岸然。

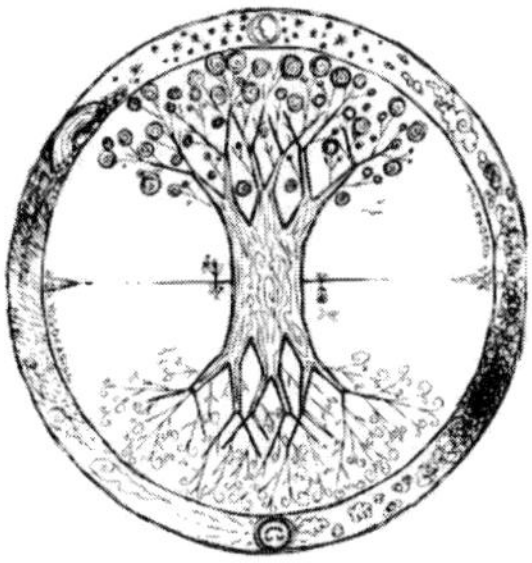

目 录

CELTIC
MYTHOLOGY

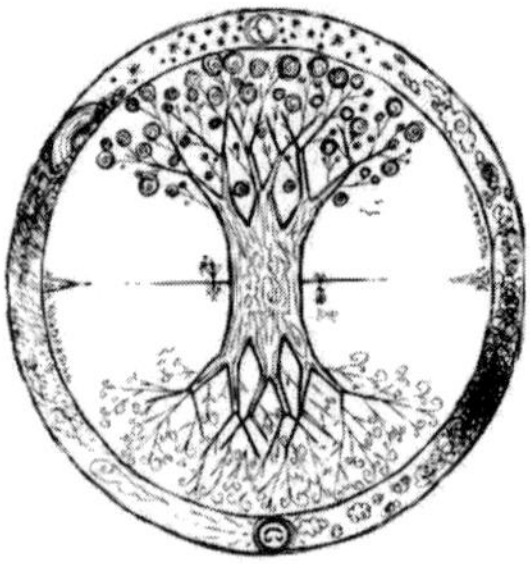

目 录

CELTIC
MYTHOLOGY

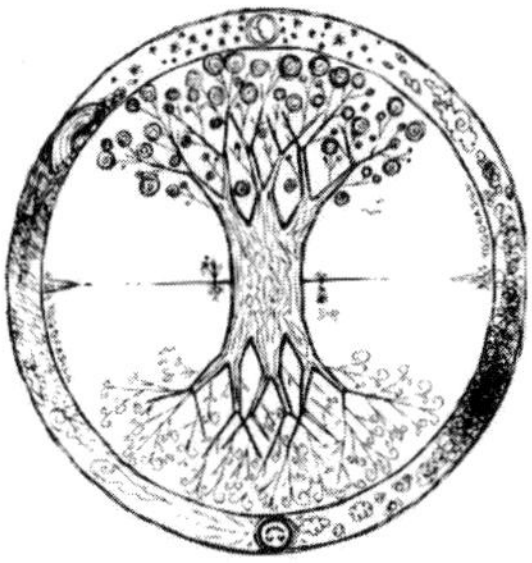

目 录

CELTIC
MYTHOLOGY

第一章
凯尔特人的世界

有一首歌你一定曾听过："黑头发黑眼睛黄皮肤，永永远远是龙的传人……"典型的中国人形象就如歌词里唱的那样。

不过细究起来，我们的黑眼睛其实并不是黑的，它是深棕色的。而带给我们黄种人身份的黄皮肤其实是个历史遗留的模糊概念：在古代欧洲文献中，一般将东亚人种的肤色形容为"橄榄色"或者是"暗白色"。现在所谓的"黄种人"称谓，其实是19世纪欧洲带有鲜明种族主义意味的人种学产物。"红白黄黑"的分类中以白色的文明程度为最高，黑色为最低，介于欧洲和非洲之间的东亚人被分配了一个黄种人的概念——在当时的欧洲，黄色的寓意是"病态、忧郁和贪婪"。

反观非洲国家，他们普遍将世界上的人分成黑白棕三种，除了自己所属的黑色以外，欧美和东亚人种都属于白人，东南亚等地则是棕色人。中国人在非洲或者被称为白人，或者被列为黑人、白人和棕色人之外的杂色人。当然凡事总有例外，埃塞俄比亚人就认为自己才是白人，其他非洲土著都是黑人，至于欧洲人则是白过头的红人……

按照欧洲人的分法，世界上人口数量最多的人种是白人，而白人来自日耳曼、凯尔特和斯拉夫三大族群。

听到凯尔特这个名称，生活在 21 世纪的读者的第一反应可能是：那不是 NBA 么？说得没错，20 世纪 40 年代，沃尔特·布朗在美国马萨诸塞州的波士顿市成立了自己的“原始凯尔特人”队。很多波士顿人相信对于沃尔特·布朗这个苏格兰移民的后裔来说，凯尔特是个精神图腾般的存在。

那么，现在世界上还有凯尔特人吗？凯尔特人的历史是怎样的？

第一节　凯尔特人的历史

沃尔特·布朗的苏格兰祖先居住在位于欧陆边缘的不列颠岛上，而“不列颠”这个名称的来源主要有两种说法，其一，欧洲大陆人把英伦三岛上的人称为“布列塔尼”，罗马人则称之为“不列颠”；其二，在征服不列颠的诸多凯尔特部落中，较强大的一支为不列吞，它的名字后来演化为整个岛屿的名称。

不列颠之名的来源是比较含糊的，因为在远古欧洲的版图中，此地属于世界尽头般的不明区域。那时的文明世界局限在古希腊—罗马文明圈中，除此之外的欧洲皆为笼罩在浓厚历史迷雾中晦暗不明的蛮族世界。

试想一下中国战国时期对东南亚地区的认识，也许你就明白这种感觉了。

虽然身处历史舞台的聚光灯之外，但蛮族世界的确是真实存在并且真真切切影响过历史进程：正是蛮族摧毁了古罗马帝国，也正是蛮族与古希腊古罗马的“文明人”一同成为如今西方世界各民族的祖先。

一　蛮族中的泥石流

由于早期的凯尔特人处于历史舞台的聚光灯以外，所以只能从散见的文献片断里结合考古发现来推断他们的迁徙路程。这是一支有着共同文化和语言联系的蛮族部落联盟，早在公元前 2000 年时，他们就已经游荡在中欧草原上了。

自公元前 7 世纪至公元前 3 世纪，原先居住在德国西北部和尼德兰的凯尔特部落开始了历时长久而影响深远的民族大迁徙——后来，也正是这股泥石流一般的蛮族大迁徙毁掉了西罗马帝国。

凯尔特人成群结队地拥入今法国、意大利、西班牙和巴尔干半岛地区，他们一路进军一路融合，形成了族系庞杂、错落纷繁的不同团体。古罗马人将分布在今法国、比利时、德国和意大利地区的凯尔特人统称为高卢人，而将流徙于小亚细亚一带的称加拉太人或加拉提亚人，在波希米亚的又称作波伊人，而征服了英伦三岛的凯尔特部落则被称为不列颠人。

在古希腊和罗马人的文献中，凯尔特人的氏族部落实行军事贵族制。在部落中，“王”是军事首领，“王”以下的凯尔特部落民分为三等：祭司、武士、普通民众。凯尔特人组成了规模很大的部落联盟，他们的军队分战车兵、骑兵和步兵三种，作战时先以战车冲乱对方战阵，然后骑兵和步兵一拥而上，开始切瓜砍菜。

以高卢人为首的凯尔特部落曾经反复入侵希腊和罗马，从多瑙河边的森林一直到高卢腹地，到处都是这些挥舞着铁兵器的金发蛮族。就连如亚历山大大帝这样的英雄，也认为希腊人与凯尔特人结盟而不是敌对才是有远见的英明决定。

在亚里士多德的笔下，凯尔特人极其好战又性格残酷。这一点可以从流传至今的古希腊雕塑中得到充分的证明：《垂死的高卢人》，现收藏于罗马卡庇托利美术馆，这座雕塑表现了公元前 241 年，帕加马王国的阿塔罗斯一世击败高卢人进攻的伟大胜利。当时大批的希腊雕刻家被请来制作青铜雕像，以纪念阿塔罗斯一世的战功。流传到现在的这尊雕塑其实是古罗马时期的大理石复制品，虽说是山寨的，但原作的精髓基本被保留下来。

另一座著名的高卢人雕塑是收藏在罗马特而默博物馆的《自杀的高卢人》，它的原作同样也是为歌颂阿塔罗斯一世的胜利而塑造的青铜像，并且同样也是古罗马时代的复制品。作品表现了一位战败的高卢首领为了避

古希腊雕塑：垂死的高卢人

以高卢人为首的凯尔特人，在历史上曾与希腊和罗马都发生过惨烈的冲突。在亚里士多德笔下，高卢人极其好战又性格残酷。

古希腊雕塑：自杀的高卢人

这两座雕塑都是为纪念公元前241年帕加马王国的阿塔罗斯一世击败高卢人的伟大胜利而作。前者刻画了垂死的高卢战士不屈的身姿；后者场景更为丰富，表现了战败的高卢首领为免除做奴隶的耻辱，在杀死妻子后自杀的瞬间，充分显示了高卢人的刚烈勇武。

免做奴隶的耻辱，在杀死自己的妻子后自杀的瞬间。高卢首领左手搀着已被他杀死的妻子，右手执剑往自己的锁骨处刺入。他向身后追兵投射出的愤怒目光，具有一种宁死不屈的壮烈姿态。这座雕塑在美术史上颇负盛名，完全违背了雇主宣扬武功的本意，反而把敌人英勇不屈的气概表现得淋漓尽致。

不光是希腊人对凯尔特人心怀畏惧，在古罗马学者笔下，高卢战士非常善于使用长枪和铁剑，他们在木质的盾牌上包着铜皮，杀敌之后总要砍下敌人头颅带回去钉在门上做装饰，对于重要目标的头颅还要用油浸泡、风干，当有贵客来访时便拿出来给人看——看我上次砍的人头，哥是纯爷们吧？

凯尔特人相信人的头颅是人的力量所在，所以获取人头可以将受害者的力量转移到自己身上。虽然罗马士兵也有将敌人生殖器割下来做纪念品的事例，但这种兵痞的做法并不是全民族的普遍习性，所以凯尔特人在家里收藏一串人头的做法还是颇令罗马人毛骨悚然的。

与装备铠甲、纪律严明的罗马人不同，高卢人衣不遮体、个性冲动，每当开战时一大群肌肉发达、赤身裸体的野蛮人咆哮着涌来厮杀，总是让罗马士兵心理压力巨大……

公元前 390 年，高卢人越过亚平宁山脉南下，横扫意大利。在闪电般击败罗马的机动兵力后，这股毁灭的泥石流涌进了连城门都来不及关闭的罗马城。

残余的罗马人逃上易守难攻的卡庇托林山上死守，那里是罗马的圣地和精神支柱，若是此地沦陷的话，罗马就会崩溃灭亡。

幸而卡庇托林山一面邻水三面为峭壁，极适于防守。但这弹丸之地无法容纳整个罗马城的居民，所以非精干强壮者及其妻儿外一概不得上山。其他老弱病残，即便是元老院的元老们也只能留在城中听天由命了。

守卫者前脚刚爬上山，高卢人的泥石流便滚滚涌入毫无抵抗的罗马城。被抛弃的元老们端坐在广场上装逼，可是毫无文明素质的高卢人根本不吃这套，他们把这些白发苍苍的罗马贵人们当场活活打死了……

接着，这帮凯尔特征服者成了闯入瓷器店的公牛，四处横冲直撞、肆意烧杀抢掠。元老院、市场、房屋都被破坏焚烧，被杀死的罗马人尸体铺满了街道。这是罗马建国以来第一次受到异族的蹂躏，而且侵略者整整逗留了半年多，这是罗马人的奇耻大辱。

了解罗马史的读者可能听说过“圣鹅”半夜怪叫惊醒守卫者，使其发现了偷爬上来的高卢人，从而拯救了卡庇托林山的故事。这个故事无论真假，都无法掩盖卡庇托林山上的守卫者坐山观屠城的无奈。最后还是这帮高卢的乡下蛮子们过不惯城市生活，又因为城市卫生系统完全被摧毁而爆发了大瘟疫，高卢人才接受了罗马人的赎金后撤兵。

这个不共戴天之仇罗马人记了三百多年，直到阿莱西亚之战后，高卢大酋长韦辛格托里克斯被迫向罗马共和国的高卢总督恺撒投降，整个高卢地区被罗马征服后，才算是让高傲的罗马人解了气。

二　不列颠的蛮子们

现在终于要提到NBA老板的苏格兰祖先的祖先了——就在挫败了高卢的凯尔特人大起义之后，恺撒转而去征服不列颠岛。公元前55年，恺撒大军入侵不列颠岛，此时在岛上面对他们的依旧是凯尔特的蛮子们……

大约公元前6世纪时，凯尔特人从大陆入侵不列颠岛和爱尔兰岛，这帮身材高大、毛发金黄的蛮族逐步征服并同化了黑黑矮矮的土著伊比利亚人，成为岛屿的新主人。

从大陆来到西北两岛之后，一部分凯尔特人占据了今天英格兰的部分地区，另一部分则占领了今天的爱尔兰和苏格兰地区。这些凯尔特征服者包括不列顿人、高特尔人、皮克特人和比尔盖人的部落，这些野蛮的凯尔特人在不列颠以氏族部落的形式聚居，在今天的英格兰地区，当时共有两三千个凯尔特人的村寨。

恺撒对不列颠的入侵浅尝辄止，他实在没耐心在这个贫瘠的岛屿上没完没了地与蛮子们打游击战。但恺撒之后，“罗马人的征服”开始了，罗马人抽空就跑来打两下，逐步征服了岛上的凯尔特部落。公元43年，罗马皇帝克劳迪乌斯率领四万大军，用了三年时间，平定了不列颠岛的中部和中南部。随后，整个英格兰地区被罗马牢牢控制。经过近百年的努力，罗马人终于征服了大部分的不列颠岛。

此后，罗马人统治了不列颠近四个世纪，不列颠成为罗马帝国的行省，岛上的凯尔特人逐步实现了罗马化。至于苏格兰这个令人尴尬的地方，那里的皮克特人武器落后、衣衫褴褛，但凭借苏格兰高地的崎岖地形与自身的骁勇善战，使得罗马人在消灭了皮克特人的军队之后，决定不占领这个野蛮的地域——而此时的欧洲大陆上，高卢贵族已经披上罗马长袍进入元老院，凯尔特文化在欧洲大陆几乎完全融入了罗马文化。

公元 122 年，罗马皇帝哈德良在英格兰北部的细腰部位修建了“哈德良长城”，这是一道贯穿东西海岸的长达一百多公里的防御城墙。一道长城将苏格兰和英格兰分成了两个世界，墙这边是罗马帝国统治的文明世界，墙那边是拒绝臣服帝国的凯尔特蛮子们。

大家从此相安无事，在罗马人永远没能到达的爱尔兰和罗马人永远没能真正占领的苏格兰，凯尔特人延续着自己的独立王国。而不列颠岛，则在罗马人统治下度过了一段宁静岁月。

到了公元 5 世纪初，独霸欧洲数百年的罗马帝国在日耳曼蛮族的进攻下渐渐衰落。自顾不暇的罗马人实行军事收缩政策，已无力维持在不列颠的统治。公元 407 年，最后一支罗马军队离开不列颠，罗马人在不列颠的统治宣告结束。

罗马人走了，不列颠人还留在这里。英格兰岛上罗马化的凯尔特人与苏格兰和爱尔兰的蛮子同胞们，在磕磕碰碰的冲突中重新建立起自己的秩序。其中一支来自爱尔兰岛的部落“苏格兰”趁机进入苏格兰地区，这支新来的征服力量同化了土著皮克特人，成功地让自己的名字成为未来整个国家和民族的名称。

留给凯尔特人的时间和区域都不多了，因为日耳曼人这股席卷欧洲大陆的新锐蛮族泥石流已经渡海而来、跃跃欲试。英吉利海峡并不能保护脆弱的小岛，不列颠的黑暗时期揭开了序幕。

罗马人兴建“哈德良长城”

公元 122 年，为了防备凯尔特人，罗马皇帝哈德良在英格兰北部的细腰部位修建了“哈德良长城”，这是一道贯穿东西海岸的长达一百多公里的防御城墙。一道长城将苏格兰和英格兰分成了两个世界，墙这边是罗马帝国统治的文明世界，墙那边是拒绝臣服帝国的凯尔特蛮子们。

三　睡去的凯尔特人

新一批入侵不列颠的日耳曼蛮族中，势头最猛的是盎格鲁—撒克逊人。当时的盎格鲁—撒克逊人与凯尔特人一样，只是文化语言相近的部落的集合，还没有形成真正意义上的统一民族。

英国早期历史学家比德认为盎格鲁—撒克逊人来自三个不同的部落：由丹麦半岛盎格恩来的盎格鲁人，由易北河下游来的撒克逊人，和由丹麦日德兰半岛来的朱特人。盎格鲁—撒克逊人对不列颠的征服开始于公元449年，这些金发碧眼的日耳曼人凶残好战，激起了不列颠人的强烈反抗。

后来引领了骑士文化一代风骚的英雄亚瑟王就是凯尔特传说中抵抗盎格鲁—撒克逊人的英雄，传说中他领导凯尔特人赢得了公元500年的巴顿山战役的胜利。在整个中世纪，围绕着亚瑟王形成了亚瑟王的宫殿、魔剑、圣杯和圆桌骑士等传奇故事，从这些传说中可以窥见当年征服与被征服者之间的激烈搏杀。

但是亚瑟王毕竟是神话传说中的虚构人物，他创造的伟业再辉煌，也无法阻止历史上的凯尔特人逐渐陷入窘境。英格兰地区的凯尔特人在与日耳曼人的战斗中死伤惨重，活下来的要么被掠卖为奴，要么逃亡到苏格兰与爱尔兰。

这长达两个多世纪的血腥征服和强制融合历史上称为“日耳曼人征服”，在这一过程中，不列颠岛上混战争夺的各民族混合成了一个新的民族——英格兰人。到公元8世纪时，欧洲大陆上的人已经把不列颠诸岛上的语言称为英语。到了公元10世纪，“不列颠”变成了“英格兰”，意为“盎格鲁人的土地”。这个漫长而残酷的民族形成过程正如丘吉尔所形容的那样：“在黑暗中睡去的是不列颠，在黎明时醒来的已是英格兰。”

醒来的不光是英格兰，随着基督教的传入，在其他凯尔特人生活的区域，也逐渐形成了不同的民族和国家。大陆上的高卢人成为法国人，爱尔兰和苏格兰人也各自找到了自己的归宿。

凯尔特人所有的俗世力量都已经烟消云散，但是他们的信仰和神灵，仍然顽强地生存下来，经过漫长时间的过滤，成为全人类的文化遗产。

第二节　凯尔特人的文化

在被罗马人征服之前，凯尔特人没有文字，自然也没有准确的历史记录，只能凭借流传至今的凯尔特语来追寻他们在历史上的踪迹。

今天欧洲大陆的凯尔特语除了一些被融入拉丁语的高卢词汇之外，几乎没有什么成体系的存留了，只有法国布列塔尼半岛和大陆之外的不列颠岛、爱尔兰岛上还留存了部分凯尔特语：一是包括爱尔兰盖尔语、苏格兰盖尔语和曼克斯语在内的盖尔语系；二是包括威尔士语、布列塔尼语和康沃尔语在内的不列颠语系，其中曼克斯语和康沃尔语都是已经消亡的语言。

从凯尔特语来分析，凯尔特人的祖先明显属于印欧民族体系。这些操着印欧方言的人群发源于黑海北部，约七千年前他们向南抵达印度，又向西方的欧洲迁徙。随着不同部落之间的距离越来越遥远，他们之间的文化和语言区别也越来越大，最后分裂成为独立发展的不同语言，成为今天印欧各语系的源头之一。

公元前1000年左右，迁徙人群的一部分抵达德国的哈尔兹山一带，与“瓮棺文化”的人群融合。“瓮棺文化”得名于其人独特的火葬习俗——他们将死者遗体焚化后的骨灰盛入陶瓮，埋于集体群葬的墓地。

瓮棺文化的人民充满生气、富有创造力。他们是一个注重享乐主义的有趣群体，在瓮棺文化的部落中，吃吃喝喝与打打杀杀同等重要。这些人穿着色彩鲜艳的衣物，用缤纷多彩的饰品装饰全身。在流浪已久的印欧人与他们接触的两百年后，第一批操着凯尔特语的部落出现了。

一　铁器时代的蛮族

凯尔特这个名词从何而来呢？一种有趣的推测认为，凯尔特人的得名可能与一种类似斧、锛的史前砍凿工具有关。

除了众所周知的勇武之名外，凯尔特人还是心灵手巧的工匠。正是这些凯尔特人将冶铁技术传入欧洲大陆，同时带去的还有犁地的铁犁、勒马的铁辔头、收割庄稼的铁收割机和最重要的铁车轮。这些凯尔特能工巧匠们的发明，一下一下地敲开了欧洲大陆铁器时代的大门。

在荷兰考古学家还原的凯尔特人的冶炼场景中，我们可以看到这些蛮子铁匠打铁的过程：先用干草和土搅拌和泥，搭建一个半人高的圆锥形立式土高炉，将木柴木炭等燃料填高炉内部，在顶端放置铁矿石。接下来，他们会用兽皮制成的鼓风机向高炉内鼓风，如此数小时之后，生铁就冶炼出来了。当然，这样炼出来的铁含碳量太高，无法直接使用，还需要经过反复加热和锤炼，才能打造出合格的铁坯。

很明显，这是一群心灵手巧的野蛮人。根据考古资料，早在公元前7世纪左右的哈尔施塔特文化晚期，凯尔特族群中就已经出现了从家庭农业生产中分离出来的手工业萌芽。也正是在这一时期，凯尔特人已经开始利用沼泽和泥炭地里的沼铁矿炼铁了。进入公元前5世纪开始的拉登文化期后，凯尔特人已经开始寻找含铁丰富又易于挖掘的露天铁矿进行开采，并在矿藏附近就地冶炼。

高卢各地都曾发现拉登文化时代的矿址和冶炼加工制造铁器的手工工场遗址，在当时生产的铁器中，数量最多的是武器，其次为各种生产工具。除了铁器之外，凯尔特工匠加工青铜和金银的技术也达到了很高水平。他们拥有镶嵌、镀金和镀银的高超技法，这一点在凯尔特人最喜爱的饰物项圈上表现得淋漓尽致。总体而言，凯尔特部落出品的手镯、别针、腰牌等饰品不仅实用，还拥有精美的曲线螺旋装饰纹路，直到今天也是堪称精美的艺术品。

在公元前2世纪，高卢地区的陶器制造业已经相当发达。高卢人生产的陶器以高超的手工技巧和雅致的风格著称于欧洲；他们制作的皮革除了日常所用外，还广泛用于皮甲、剑鞘、马鞍、盾牌和头盔等军事用途。

在欧洲，凯尔特人发现并利用了热胀冷缩的原理来处理铁箍车轮。两轮战车是木匠、铁匠、制车匠熟练配合制造的产物，质量在欧洲堪称上乘。

这种坚固耐用的战车是战场上的重型装备，它的出现是军事技术上的大进步。

发达的手工业和农业使得凯尔特部落物资相对充足，东村铁器多得用不完，西村猪肉多得要发臭，那咋办？交换呗！

从哈尔施塔特文化晚期起，凯尔特人就开始了贸易行为。以货易货的行为首先在凯尔特各部族之间展开，很快就使得凯尔特人意识到这种行为带来的好处，这促使凯尔特人开始专门生产用来与外界交换的货物，商业就这样发展起来了。

根据公元前 7 世纪末地中海沿岸的希腊殖民点马西利亚的文献记载，这个今天被称为马赛的地方，曾经是希腊人与高卢人之间最为著名的货物中转站——文明世界与蛮族之间并不是只有战争一个选项。

马西利亚和高卢地区部落之间的生意最初以居住在法国南部的利古尔人为中间商展开，后来生意规模越来越大，他们开始与中欧地区的凯尔特部落展开贸易往来。随着时间流逝，通过希腊人向高卢腹地送来的是源源不断的珊瑚、象牙、玻璃、酒、青铜器皿等奢侈品，从高卢部落向外输出的则是金、银、锡等金属原料及牲畜、皮革制品等等工业原料和粗加工品，整体看来，这种贸易俨然是当今世界发达国家与发展中国家之间贸易的翻版。

凯尔特人对外贸易的主要目的是满足部落贵族的奢华生活。通过与希腊人的贸易，凯尔特族群发现了货币的必要性。从公元前 2 世纪起，凯尔特人开始铸造钱币。凯尔特钱币的式样和图案或模仿古希腊，或铸造各种人物和几何图形，如布列塔尼流行的钱币，正面为戴月桂冠的头像，背面是拿着矛和盾的战士形象。但由于高卢地区没有出现国家，所以各个部落自行铸造的货币一般只是内部流通，涉及进出口的贸易还得依靠其他方式——就如本节刚开始时提到的那样，凯尔特铁匠们炼出两端尖尖的长方形铁锭，这些每块重约六公斤的铁锭，是当时的一种通用货币。

铁器使凯尔特文明的农业生产技术得到了飞跃性的发展，也带来了凯尔特军事装备的进步。凯尔特部落的铁匠用铁锤一下下敲出铁剑、铁矛和铁箭头，以及令罗马人和希腊人闻风丧胆的双轮战车。

就这样，和平时期繁荣享乐，战争时期势不可挡的凯尔特人迅速崛起，成为欧洲“文明世界”眼中令人爱恨交加的“野蛮人”。

在希腊人眼中，凯尔特部落的人都像爱慕虚荣的孩子，他们浑身上下散发着庸俗的气息。凯尔特人在坦白直率和勇敢无畏的性格之外，还有着全民性的爱好炫耀的孩子气，他们喜欢佩戴黄金首饰，脖子上戴着金属项圈，胳膊上套着臂环和手镯。贵族们身着色彩鲜艳的长袍，上面缀满亮闪闪的金片……千百年过去了，只有他们的斗篷流传下来。这些斗篷装饰着紧密交织、色彩绚丽的小方格子，它成为苏格兰方格裙的前身。

二　凯尔特式的生活

凯尔特人并不是居无定所的游牧民族，一旦征服了一片区域后，他们就会选择舒适稳定的定居生活。从公元前 5 世纪起，高卢大部分地区的凯尔特居民就开始营建房屋，过上老婆孩子热炕头的幸福生活了。

按照罗马人的说法，高卢蛮子们用木材和黏土建造房屋，他们房屋的建筑风格朴实无华，室内一般不陈设家具，仅在泥地上铺一堆干草麦秆之类，再覆盖兽皮，就成了凯尔特式的温馨卧室。与罗马人将物资储藏在仓库的习俗不同，凯尔特民居选择在屋子旁边挖掘储藏食物的地窖。

与一般人印象中茹毛饮血的蛮族不同，凯尔特人拥有领先于当时欧洲的先进农耕技术。按照习俗，凯尔特人集体占有新征服的土地，在各个部落间平均分配适于耕种的田地。他们懂得施肥，会使用八头牛牵引的轮式铁犁在布满石块的草原上开垦播种。凯尔特人主要种植大麦和小麦，辅以黑麦和燕麦，还栽培甜菜、芜菁、亚麻、大麻、洋葱、蒜等作物。

农业之外，凯尔特人在畜牧方面也有独到的经验。凯尔特部落中饲养的动物有马、羊、牛、猪等，尤其以养马和养羊最为普遍。凯尔特人都是驯马的高手。有趣的一点是凯尔特人以放牧的方式养猪，他们在橡木林间的开阔地中放牧半驯化的猪群。

发达的农牧业使得凯尔特族群获得了较为充裕的食品，为人口增长创

凯尔特铁质武器

早在公元前7世纪左右，凯尔特人就已经学会用沼泽和泥炭地里的沼铁矿炼铁了。铁器使凯尔特文明的农业生产技术得到了飞跃性的发展，也带来了凯尔特军事装备的进步。凯尔特部落的铁匠用铁锤一下下敲出铁剑、铁矛和铁箭头，以及令罗马人和希腊人闻风丧胆的双轮战车。

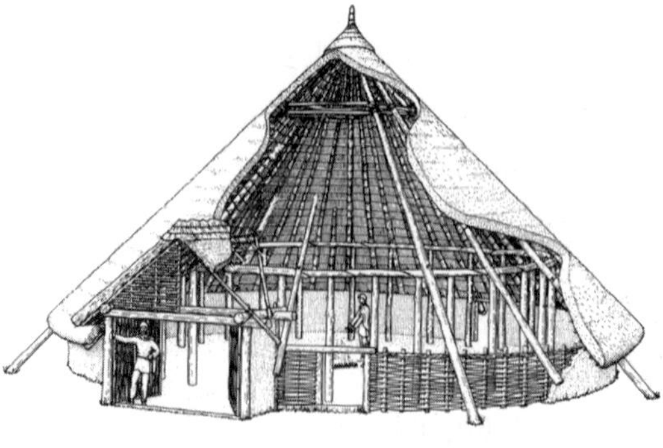

凯尔特式的茅草屋结构示意图

凯尔特人并不是居无定所的游牧民族，一旦征服了一片区域后，他们就会选择舒适稳定的定居生活。从公元前5世纪起，高卢大部分地区的凯尔特居民就开始营建房屋，过上老婆孩子热炕头的幸福生活了。

造了良好的条件，从公元前 1000 年到公元前 400 年的 600 年间，高卢地区的人口从 70 万增加到了 300 万。庞大的人口数量加上优良的铁质武器，为凯尔特人征服欧洲那些落后的青铜部落奠定了基础。

从瓮棺文化时代开始，凯尔特人就与美食结下不解之缘。根据文献记载，凯尔特人虽然房屋简陋，但在吃上面可一点儿都不马虎。凯尔特人对于肉类蔬菜的处理非常老到，即使是罗马人也钟情于凯尔特腌菜的美味。在苏格兰有一种被称为“黑布丁”的猪血肠，这种名副其实的“黑暗料理”是凯尔特人留下的文化遗产之一，后来成为标准英式早餐的组成部分。

从黑布丁可以看出，猪肉是凯尔特人重要的食物来源之一。除了这些被放养在林地中的“二师兄”以外，凯尔特人的肉食品名单上还有绵羊、山羊、牛、鹿、禽类和鱼等等。

由于冬季缺乏饲料，所以大多数牲畜都没有活到开春的幸运。每年凛冬将至的时候，凯尔特村寨中四处飘荡着猪牛羊和禽类的哀鸣——如果鱼类也能开口说话的话，相信它们也不会保持沉默的。

在罗马文献中提及凯尔特人会挖掘池塘饲养鲤鱼，他们的餐桌上还有梭子鱼和鳟鱼。凯尔特人处理鱼的手法可谓精熟：他们从水里捞出一尾鱼，干净利落地一击敲碎它的头骨，让这可怜的动物立即获得解脱。去除内脏和鳞片后的鱼被放进大锅里，和豆类、奶油一起熬煮，当橡木锅盖再也压不住混杂在滚滚水蒸气里喷涌而出的鱼香、豆香和奶香时，大菜就可以上桌了。

当然，如果渔获较多，一时吃不完的话，做成更耐存放的熏鱼或腌鱼就是妥当的做法了。凯尔特人以这种方式处理大多数冬季前宰杀的牲畜。虽然腌制食品缺乏新鲜的口感，但可以为漫长冬天提供可靠的蛋白质来源。

猪肉是凯尔特人最重要的肉食来源，相对于瘦肉而言，肥肉才是他们最喜爱的食物，生肥肉甚至是凯尔特人用于治病的药物之一。可惜放牧生长的猪很难长胖，肉也又瘦又柴，还常有寄生虫，生吃还是相当有风险的事情。

凯尔特人懂得熏制火腿，直到今天，西班牙火腿仍是享有盛名的特产美食。不过火腿耗时长、成本高，还需要恰到好处的发酵技术。相比之下，禽类才是更容易处理的美味。鸡是凯尔特人家寻常可得的食物，而鹅由于脂肪含量丰富，在贵族阶层中更受欢迎。

不过，实事求是地说，凯尔特人的村寨并不是取之不竭的伊甸园，就算是贵族也很难过上顿顿荤腥的幸福生活。中下层居民的日常饮食还是以植物性食品为主，主要是谷物、蔬菜和果实，特别重要的是豆类。

在凯尔特人的厨房里，小麦被烤成面包，大麦煮成粥。虽然面包更受欢迎，可它的成本较高，所以穷人只能老老实实喝稀粥，这一点在凯尔特人的死敌罗马人那边也是一样的。

顺便说一下，餐叉在10世纪才得到普遍使用，大多数欧洲人在近代才开始用餐叉吃饭。在此之前，他们的餐具只是刀子、勺子和自己的一双手。据参加过凯尔特人宴会的一位罗马旅人回忆：在凯尔特人的宴会上，大家团坐在茅草屋中的毛皮垫子上，被大锅和烤肉叉所包围。你会发现这帮蛮子们的大胡子与食物残渣纠缠在一起，形成了一张令人无法直视的网，而且为了表示友谊，人们会互相传递烤肉和酒杯，你啃我的肉我喝你的酒，你不知道自己吃的食物到底是过了多少次手的“二手货”。所以凯尔特人开饭时的画面太美，简直不好脑补。

三　嗜酒的战斗民族

自古以来吃喝不分家，上面提到了凯尔特人的吃，下面就说说凯尔特人的喝。

不论是希腊人还是罗马人，都对凯尔特人对酒精的狂热感到吃惊。虽然这两个民族也是擅饮的族群，可在历史上他们因为集体醉酒而输掉战争的例子并不多。而对于凯尔特人而言，酗酒根本就是他们的生活方式。

古罗马人对凯尔特人沉迷于饮酒表示不可理解，罗马士兵为了保持健康，每天要喝掉两三升葡萄酒，但他们喝的葡萄酒是兑水稀释过的，这被认为是文明人的习惯。相对应的，如凯尔特人这样不兑水喝酒的就是蛮族的标志：他们不光是不兑水，干脆直接将酒当成水喝——罗马人在征服高

从瓮棺文化时代开始，凯尔特人就与美食结下不解之缘。根据文献记载，凯尔特人虽然房屋简陋，但在吃上面可一点儿都不马虎。凯尔特人对于肉类蔬菜的处理非常老到，即使是罗马人也钟情于凯尔特腌菜的美味。在苏格兰有一种被称为“黑布丁”的猪血肠，这种名副其实的“黑暗料理”是凯尔特人留下的文化遗产之一，后来成为标准英式早餐的组成部分。

中世纪绘画，凯尔特人的厨房

中世纪绘画，凯尔特人的酒宴

不论是希腊人还是罗马人，都对凯尔特人对酒精的狂热感到吃惊。虽然这两个民族也是擅饮的族群，可在历史上他们因为集体醉酒而输掉战争的例子并不多。而对于凯尔特人而言，酗酒根本就是他们的生活方式。

卢时遭遇过对方全体醉卧疆场、束手就擒的黑色幽默事件。

凯尔特人嗜酒如命，自从公元前 6 世纪希腊人将葡萄栽培和酿造技术传给凯尔特人之后，葡萄酒就成为凯尔特人的另一种血液了。正是凯尔特人让葡萄园从地中海沿岸蔓延到整个欧洲大陆，同时也正是他们将制造橡木酒桶的技术通过罗马人传遍了全世界。

能喝酒的人怎会不喜欢音乐和歌唱？凯尔特人发明了竖琴，原始的凯尔特式的竖琴是挖空木头做成响板，再裹上兽皮和琴弦，就能奏出优美的旋律了。正是竖琴成就了吟游诗人的神话，让凯尔特人的酒宴上充满了美妙的旋律。但盛大的宴会往往需要鲜血助兴，凯尔特人在酒醉时会变得异常冲动，往往一个眼神的碰撞便会激起口头争执，继而变成一场决斗。醉汉们视自己的生命为儿戏，也视对手的性命为无物。

除了竖琴的旋律之外，还有一种凯尔特式的声音让人记忆犹新，那就是战场上无数个号角发出的嘹亮的声音。古罗马历史学家西库罗斯对此评论道："他们的号角发出尖锐刺耳的声音，简直与战场上的喧嚣混乱相得益彰。"

古希腊学者斯特拉博曾这样说凯尔特人："他们整个种族都狂热地喜好战争，勇武自信，敏于作战。当他们受到煽动时，会相当直率而不加深思熟虑地召集人马去战斗，以至于很容易受到那些图谋哄骗他们的人的操纵。"他认为凯尔特人是天生好战的动物，如果没有希腊人这样的异族交战对象，那么凯尔特部落之间也一定会互相厮杀。因为所有凯尔特人都是目空一切的自负者，他们骄傲自满、不停争执。

对于凯尔特人最直观的描述来自于曾与他们作战的希腊和罗马将官的回忆录，在这些回忆录中都如此描述了凯尔特人的外貌：金发、红润脸庞的巨汉，他们用石灰水漂白头发并编成小辫子，有时还把皮肤染成蓝色；有点身份的男人都会蓄上满脸胡须。他们头戴外形迥异的青铜头盔，有些是牛角造型，有些是鸟兽浮雕，这让他们更显得身材魁梧高大。上战场时，他们喜欢赤身裸体地战斗，简直让文明世界的士兵们感到辣眼睛。

很多历史学家认为凯尔特人是男女彻底平等的族群，女性不光可以管理部落事务、执掌宗教事务，还可以直接抄起家伙上阵参战。古罗马人曾讽刺地形容：“即使是一支军队也无法抵挡一个凯尔特人，特别是在他叫上自己老婆来帮忙的情况下——凯尔特女人可是非常壮实的悍妇！”

从凯尔特历史的不同发展时期来看，女性的地位其实是摇摆不定的。早在公元前 4 世纪，女性就作为战争调停人活跃在凯尔特部落之间。公元前 218 年，迦太基统帅汉尼拔曾与凯尔特人的领袖达成协议：如果凯尔特人控诉迦太基人，由汉尼拔负责公正审判；如果迦太基人指控凯尔特人，则由一位特殊的凯尔特妇女负责解决争端。

到了罗马征服时期，凯尔特仍有女性担任部落女王的例子。罗马进攻不列颠的时候，巾帼英雄布迪卡自封为王，率部起义反抗。但随着罗马化进程的加深，罗马人以法律形式规定，凯尔特部落的权力传承只能在男性继承人中进行，所以凯尔特传统上的“女子干政”这种不被罗马人认可的习俗逐渐被摧毁了。

马其顿历史学家兼将领波里比阿曾这样描述战斗中的凯尔特战士：“他们怀着满腔怒火，徒然而狂乱地冲向敌人，直至牺牲他们的生命。”凯尔特战士面对枪林箭雨时不是设法保护自己，而是“像狂暴而冲动的野兽一般扑向敌人，完全没有一丝理性；斧剑之下，他们被纷纷砍倒，但只要身体内还有一口气，这股盲目的狂热劲就不会失去。甚至在被箭矛刺穿身体时，他们也还靠着支撑其生命的顽强精神坚持下去。其中一些人甚至从他们的伤口中拔出击中他们的长矛，掷向敌人或用它来刺敌人”。

虽然勇敢无畏，但凯尔特人在性格方面还是有很大的缺陷。古希腊学者斯特拉博指出，凯尔特人除去坦率和天性狂热之外，还极其轻浮，大言不惭。他们在胜利时傲气凌人，而失败时又垂头丧气。

恺撒在《高卢战记》中对此有不少类似的评述，除了那句著名的“我来，我见，我胜利”之外，他还吐槽凯尔特人性情浮躁，轻于寻衅惹祸；气质脆弱，完全经受不起挫折；脾气反复无常，行事轻率；等等。但除此之外，恺撒还是禁不住称赞这些蛮族人是极机灵的民族，最善于模仿和制作别人传去的任何事物。

正是觊觎高卢地区的富饶物产和凯尔特人的勇猛无畏，罗马人才会一次次发动征服战争吞并了高卢。罗马得到高卢，罗马化了高卢，这些来自凯尔特的新鲜血液为未来的罗马帝国提供了丰富的兵源和继续征服行动的进攻基地。但凯尔特人尚在萌芽状态的国家形式被彻底扼杀，他们再也没机会形成一个统一的民族和统一的国家来与“文明世界”争霸。

第三节 凯尔特人的宗教

公元前 5 世纪开始的拉登文化期诞生了凯尔特人特有的艺术审美：古典艺术作品一般都强调庄重的秩序感和对称感，但凯尔特人偏偏剑走偏锋，他们的艺术品表现出一种植根于大自然的充满生命质感的想象力。拉登文化时期的艺术品通常以扭曲旋转的线条来表现某种特定的对象，那些或张扬或低伏的图案或是暗示一张面孔，或是寓意一根树枝，充满了不可思议的感染力。

这种艺术形式的产生与凯尔特人的精神信仰紧密相连，只有源自自然世界的独特宗教体系，才能支撑如此鬼斧神工的艺术创造力。凯尔特人的宗教并不像希腊—罗马神话体系那般井然有序、秩序森然，在这些没有国家和民族概念的蛮族头脑中，实在无法想象出一个如宙斯或朱庇特那样高高在上统治一切的神灵帝王。

凯尔特人与异民族之间的贸易往来带来的不仅是商品货物，更有来自不同文明圈的文化冲击波。凯尔特人以其强健而简单的头脑将外来的神话体系吸收到自己的宗教体系中，创造出一个缤纷多彩的多神教精神世界。

在凯尔特人所崇拜的诸神队伍中，不仅有本民族的几百位神，还逐渐加入了埃及神、希腊神、罗马神、伊比利亚神等。在这个大杂烩式的神话体系中充斥着梦想、魔力和象征意义，凯尔特人将自己的精神世界与大自然紧密相连，将身边发生的一切都与超自然的力量联系起来——那正是他们想象中神秘莫测、难以预料的一个个神祇在显灵。

加拿大维多利亚大学的斯克尔顿教授如此评价凯尔特人的宗教：“凯尔特人从不建造教堂或者庙宇，大自然本身就是他们的大教堂。”

而能够使真实世界中的凯尔特人的灵魂与混沌神秘的神界得到沟通的，只有德鲁伊。

一　智慧守护者

德鲁伊这个词的字面意思是“熟悉橡树之人”，德鲁伊教以橡树为天神之像，以橡果为圣果，所以德鲁伊名字的真正含义就是“掌握神圣知识的高士”。根据爱尔兰古代编年史《侵略史》，德鲁伊教士是这个国家最早的凯尔特殖民者，他们都属于雅弗部落。

雅弗部落从黑海北岸一路迁徙进入今日的希腊地区，再到埃及和西班牙地区，最终在公元前 1530 年由西班牙地区到达爱尔兰地区。在这海上的迁徙过程中，德鲁伊大祭司凯科斯以他伟大的预言术成为整个部落的精神领袖和领导核心。据说他在整个部落踏上漫长旅程之前就已经预见到爱琳(爱尔兰的旧称)是他们最终的目的地。

当德鲁伊教士们到达爱尔兰之时，他们的首脑是阿麦金。阿麦金是一位伟大的祭司，同时也是德鲁伊远征队中的诗人和法官。他是一个非常有名的德鲁伊教士。尽管他不是我们所知的唯一的德鲁伊，但他是爱尔兰盖尔人中的第一个德鲁伊教士。随着第一批德鲁伊移民在爱尔兰登陆，德鲁伊教士们闪电般的征服了这块土地，并且将自己的教义散布到爱尔兰的每一寸土地上。

德鲁伊教的仪式和教义非常神秘，而且依照惯例，只能口头传授。一个合格的德鲁伊教士至少要经过二十余年的严格训练才能掌握庞杂的凯尔特神灵专业知识，再由他向信徒们传播关于德鲁伊教的众多信仰传说。德鲁伊教没有留下文字典籍，这是凯尔特文明在遭遇挫折后彻底失传的根本原因——没有任何关于它的文字作品流传下来，使得幸存的凯尔特人除了接受外来征服者的文明外别无选择。

对此，恺撒曾经在他的《高卢战记》中如此记录：“德鲁伊教士们认

德鲁伊教的典型螺旋形徽记

能够使真实世界中的凯尔特人的灵魂与混沌神秘的神界得到沟通的，只有德鲁伊。德鲁伊教士垄断了知识和宗教权力，隐隐有将凯尔特人统一起来的迹象。

为他们的宗教信仰不能以任何书面形式进行记载和传播，”他还猜测到，这是因为蛮族教士们担心文字记载的典籍会令凯尔特平民轻而易举地获得神圣的知识，从而使得德鲁伊教士们的智慧受到玷污，变得粗俗。恺撒的猜测应该没错，但更现实的原因可能是因为德鲁伊教士是凯尔特社会中唯一掌握全部宗教和文化知识的阶层，所以他们会想尽办法来保证自己手中的垄断资源，哪怕这种垄断最后导致整个德鲁伊教文化知识的失传，因为文字记载无疑会严重削弱他们的特权和威望。

基于上述原因，虽然后世的历史学家经过不懈的研究和探索，依然对德鲁伊教的具体内容所知甚少。多数有关德鲁伊的资料都来源于希腊和罗马的文献资料，除此之外，考古学家们只能通过森林、神坛、庙宇的遗迹中偶然寻获的图画、记号之类的微小线索进行研究。

罗马人对德鲁伊的态度是古典宣传战的典范：史书上有关于德鲁伊教的最早记载主要见于恺撒和古罗马最伟大的史学家塔西佗的著作。这些著作多描述德鲁伊教的野蛮和恐怖。恺撒远征高卢时曾向元老院报告说：“德鲁伊教士在当地有仲裁和主祭等重要地位和权力，他们在树林中居住，用金镰刀砍伐神圣的橡树果，甚至用活人献祭！”

等到恺撒即将彻底征服高卢人时，这位获得绝对优势的胜利者又开始赞许起凯尔特人的品质和他们的文化来。那么恺撒说的到底是真的还是假的呢?

首先可以肯定一点，恺撒并没有撒谎，他只是根据不同的政治环境有选择地说出对自己有利的事实并加以夸大。当他开始征服高卢时，需要为自己的侵略找到一个正义的借口；当他准备安抚被征服的凯尔特人时，自然要好言抚慰几句。

综合恺撒和塔西佗的著作来看，德鲁伊的确是一个非常崇尚神秘主义的宗教。凯尔特人的宗教祭祀仪式往往选择在夜阑人静、满月高悬之际举行，地点多在一片被称作“圣所”的小树林中或林间空地上。德鲁伊祭司身着素服，在满月的第六日收割橡果，在此过程中橡果不能堕地，祭司会用自己的白斗篷接住圣果。有时候祭司们会以金镰割取槲寄生枝条，并在圣树下举行两头白牛的牺牲祭祀。

根据古罗马人的记载：德鲁伊教士精通占卜，在预言的过程中，德鲁伊教士往往借助鸟兽，如乌鸦、老鹰等来占卜吉凶，他们通过品尝被屠宰牲畜的血肉和骨髓获取灵感，有时也观察牲人的喉咙和内脏来做出预言。

在节日到来之时，德鲁伊教士会举行仪式，将人催眠，然后与之互换灵魂，再以梦境预知未来。德鲁伊教士也相信灵魂的永恒。他们会在亲人死后将死者生前的所有物品一并烧掉，甚至跳到火中抱住亲人的尸体，与亲人同登极乐。

德鲁伊教规定男女皆可为德鲁伊教士，而且同样在社会上享有崇高的地位，他们是执法者、吟游诗人、探险家的代名词。曾有史学家将德鲁伊教士与印度的婆罗门、波斯祆僧、埃及祭师和巫医等同视之。

德鲁伊教中的确存在恐怖活祭的行为，正是这一点，令他们被罗马人大加抨击。不过，在世界各地曾存在过的原始宗教中，都有过杀生祭祀的活动：早期的犹太教便以此而闻名，《圣经》中甚至有专门的篇幅来歌颂信徒杀子献祭的举动。

德鲁伊人对于生命的理解同南美洲曾有过的玛雅文明有一丝类似：认为通过杀生献祭可以取得神灵的格外恩宠和净化死者和生者的灵魂。通常他们所献祭的牲人是犯人或战俘，如果实在没有的话，就会在平民甚至是贵族中进行挑选。受难者或被关进柳条编成的人形笼子里烧死，或用木桩刺穿，或用利器插死，或用乱箭射死。

在人祭仪式中，最神圣的一种被称为“三重死亡”，只有被挑选成为“德鲁伊王子”的凯尔特贵族成员才可作为牲人接受这个仪式。当牲人吃下撒有橡果的烤大麦饼之后，德鲁伊教士用斧头将他打晕，再迅速用有三个结的绳子将其勒死，并同时割开其喉咙，最后将牲人面朝下放在四尺深的水里，表示他最后是被淹死的。

以活人献祭的德鲁伊宗教的理论依据是灵魂转世说，这个宗教主张人死后灵魂不灭，只是由一具躯体转投另一具躯体。他们认为要拯救一个人的生命，只有献上另一个人的生命，神灵才会答允。所以凡有要人病危，

公元17世纪的英国绘画，描述了想象中的德鲁伊教士焚烧牲人的场景

根据古罗马人的记载：德鲁伊的确是一个非常崇尚神秘主义的宗教。德鲁伊教士精通占卜，在预言的过程中，德鲁伊教士往往借助鸟兽，如乌鸦、老鹰等来占卜吉凶，他们通过品尝被屠宰牲畜的血肉和骨髓获取灵感，有时也观察牲人的喉咙和内脏来做出预言。

或将于战争中面临失败威胁时，德鲁伊教士们便会主持人祭来祈求神灵庇护——这并不是凯尔特人独特的做法，迦太基人也有类似的风俗。

按照恺撒的记载，德鲁伊教受一位掌握最高权力的首脑领导，首脑死后由地位仅次于他的德鲁伊继任。若有几位地位相仿者，则由众德鲁伊推举决定首脑人选。众德鲁伊每年一度集会议事，届时各地人员俱至，齐集在高卢腹地卡尔努特的圣地。恺撒提到，这套制度起源于不列颠，后传至高卢。

虽然凯尔特人只是使用同一种语言的松散部落联合体，但极富权威性的德鲁伊阶层的影响力已形成一种跨部落的教权。这种带有浓厚原始崇拜色彩的宗教几乎成为所有凯尔特人的共同信仰，并在其社会生活中发挥着突出的作用。松散而内斗不休的凯尔特人在德鲁伊教的领导下逐渐凝聚，如果不是被罗马人打断这一进程的话，仅在高卢地区就足以形成一个强有力的凯尔特王国。

罗马的征服阻碍了凯尔特王国的形成，也彻底毁灭了德鲁伊教。一开始，罗马人采取的策略是支持某些部落去攻击另一些部落；当凯尔特部落两败俱伤时，罗马人便开进来接手他们的地盘，正如恺撒所说：自此，大多数凯尔特人已是罗马治下的子民了。

当凯尔特人意识到自己的自由遭到剥夺，便群聚在韦辛格托里克斯的旗帜下发动大起义以挣脱枷锁时，德鲁伊教士也投身其中。塔西佗曾记载说，在战斗中，德鲁伊教士们摒弃了不参与战争的传统，他们身穿黑衣在凯尔特的军队中跳跃舞蹈，以各种神灵之名恶毒地诅咒罗马人。他们将螺旋状的图案绘制在凯尔特战士的皮肤上和盾牌上，向他们保证战死之后可以通过屠杀女神阿格罗娜的神奇大锅获得转世。于是凯尔特武士便毫无顾忌地不穿铠甲赤身裸体冲向罗马军队的枪林箭雨之中。

德鲁伊教士将这场大起义视为驱逐罗马人的最后机会。在最后之战中，一位凯尔特酋长高声宣布：“我是自由世界的自由人！”但他转瞬便被罗马士兵砍死。高卢大起义的失败彻底动摇了德鲁伊教的生存基础，罗马士兵们毫不留情地屠杀德鲁伊教士，将他们的尸体遗弃在神圣的森林里。这次失败后，德鲁伊教一蹶不振，逐渐沉没在历史长河之中。

德鲁伊教毁灭之后，由教士们口口相传，延续了数个世纪的凯尔特智慧也随之烟消云散。随着高卢地区的罗马化进程，德鲁伊这种异教思想最终湮灭，只在不列颠和爱尔兰这些岛屿上残存，并于几个世纪后沉淀在了苏格兰、爱尔兰和威尔士的民间传说之中。

基督教兴起之后，德鲁伊教留下的文化遗产被基督教教士们以民间故事集的形式呈现出来。虽然德鲁伊教的创世传说被《圣经·创世记》所取代，虽然异教信仰的神话已经与基督教故事融为一体，但凯尔特的精神精髓在芬恩、库丘林和亚瑟王等传说人物的身上得到体现，并以顽强的生命力流传下去。

二　凯尔特诸神

德鲁伊教守护的是怎样的一个精神世界呢？

由于凯尔特文明的绝大部分资料已经湮灭于历史长河之中，所以我们无从得知在他们心中这大千世界是如何起源的。在德鲁伊教供奉的几百位神灵中，有相当多数源自印度、埃及、希腊、罗马和爱尔兰等地；在凯尔特人的迁徙过程中，他们逐步吸收自己接触过的各文明的神话。凯尔特人走到哪里，就将当地的神吸收到自己的宗教中。在被罗马征服之前，凯尔特神话的发展在欧洲大陆已相对稳定。

凯尔特人信仰的神大多为地域和部落守护神，而且通常以其部落之名名之。高卢部落的神不会管到爱尔兰凯尔特人的头上，颇有几分类似中国神话中只管自己这一亩三分地的土地爷。后来随着部落间接触和交往的密切，部落守护神逐渐融合为一，变成广泛受到崇拜的神灵，成为高卢乃至不列颠诸凯尔特部落所共同敬奉的对象。

凯尔特人认为，自然世界与超自然世界之间没有界限，神灵无处不在，自然世界中的一切都具有宗教意义：一阵狂风、一场暴雨、一声霹雳、一道闪电都会令凯尔特人感到自己触犯了神灵。凯尔特人的神灵多达数百个，管辖着真实世界与超自然世界的一切：太阳神贝勒努斯与暴风雨神塔拉尼斯缠斗不已，确保了白昼紧接黑夜，暖春驱走严冬；胜利女神阿德拉斯特驱策英雄一往无前取得胜利，若是得罪了她就会在战争中连遭败绩；爱尔兰乌鸦女神摩利甘也是一位严厉的女战神，当她的信徒厄运难逃时，她会化身渡鸦或乌鸦出现在战场上，向战士预言他的死期临近。

凯尔特神话与他们的自身生产生活密切关联，充分体现出凯尔特人的兴趣和渴望。他们喜爱狩猎，所以就诞生了许多形似野猪、鹿、熊的动物之神，设置这些神灵丝毫没有野生动物保护方面的考虑，它们存在的意义就是保佑凯尔特人能够获得充足的猎物。凯尔特人重视畜牧农耕，所以太阳神会保佑田地产出丰盛的作物，雷神赐予他们雨水灌溉农田。凯尔特人擅长骑马奔驰，自然是因为有埃波娜这样的骑马女神庇护，而漫山遍野放牧的牛羊则有达摩娜这样的牛羊庇护女神关照。

凯尔特人喜食猪肉，嗜好宴饮，所以威尔士神话中就告诉自己的人民，在彼岸世界的豪奢宴殿中，有一口取之不尽、用之不竭的神锅和丰盛的猪肉佳肴。威尔士的老少爷们带着大金链子在那里享用永恒不断的杀猪大菜，一天三顿小烧烤，还有穿着貂的仙女剥蒜，完全不用担忧肥胖三高之类的人间琐事。

罗马人有一种观念：世界上各民族信仰的神灵其实是同一的，只是不同的民族对他们的称呼各不相同而已。所以，当恺撒踏上高卢大地时，他理所当然地将罗马神灵的名字直接用在了凯尔特神灵身上，将凯尔特人信仰的神灵一概视为罗马神在高卢当地的显灵。

“整个高卢民族都沉溺在各种各样的宗教祭礼之中”，这是恺撒的一大发现。他观察凯尔特人的日常行为，得出的结论是这些蛮族认为自己所接触所进入的一切地方都是不同神灵的领地，应当向他们致以应有的敬意。

凯尔特人这种处处有神灵的观念也深深影响到入侵的罗马人。在高卢和不列颠战役期间，罗马军团对陌生的森林、溪流和沼泽从不敢冒犯，他们都像凯尔特人一样毕恭毕敬地献上贡品，祈求那些隐藏其间的蛮族神灵的谅解和庇护。

最让恺撒感到“友邦人士惊诧莫名”的是，凯尔特人虽然无比虔诚，却从不为自己的神灵建立神庙，他们若是想要取得某位神灵的饶恕或保佑，就在野外举行德鲁伊教的祭祀仪式。

凯尔特人在传统上不建神庙，不为自己的神灵造像。在公元前279年入侵古希腊文明的精神发源地——特尔斐时，凯尔特的首领布伦纳斯曾对希腊人为神灵建造的拟人雕像大加嘲讽。但是这种虚张声势并不能隐藏凯尔特人对文明发展程度相对更高的对手的羡慕，凯尔特人对于特尔斐城内大量的雕塑很感兴趣，这些蛮族战士惊骇于代表自然的四大要素神竟然可以被还原为人的形象！

在其后的岁月中，凯尔特人接受了神灵可以有拟人化形象的概念，尤其是在被罗马人征服之后，凯尔特人接受了朱庇特等罗马神的形象，这些来自征服者的信仰也步入了凯尔特四百余位神灵的行列。

罗马人为凯尔特人带来了建造神庙和神像的习俗，而这也正是凯尔特人开始罗马化的表现。罗马征服时期的凯尔特神庙中，献祭给神灵的黄金、兵器等贵重物品并无人看守，但凯尔特人基于德鲁伊教的传统丝毫不敢盗取自用。

罗马化的进程从为神仙改名开始：以恺撒为首的罗马人将凯尔特太阳神贝勒努斯宣布为伟大的罗马太阳神阿波罗，他们用圣父这个罗马概念的词汇来称呼凯尔特神话中的祖神达格达——他是爱尔兰和高卢凯尔特人信仰的圣灵祖先。

凯尔特的母亲神之一是爱尔兰神话中的女神安努，她掌管女性生殖力、土地肥沃程度与个人财富等。在爱尔兰的神话中，君主只有与母亲神婚配才能保证土地丰收人民富足。在基督教传入之前，每一位爱尔兰王登基时都必须举行与母亲神的象征性婚礼。

罗马人将凯尔特的母亲神称为母神，她大多情况下以三位一体的面目出现，每个形象都代表这位母神成长的一个阶段或者是不同的一面，如青年中年老年，生命生育死亡这般。母亲神并不是特例，凯尔特神话中的很多神祇都有三位一体的属性。当然奇葩总是有的，例如高卢人有一位神的三位一体就体现在下半身上，这位有着三根阴茎的神灵让罗马人思考了很久，后来他们宣布这位骨骼惊奇、本钱雄厚、天赋异禀的大神应该就是罗马神话中的墨丘利……

在凯尔特人的思想体系中，数字带有特殊的神秘寓意，比如“5”用来代表包括东西南北中在内的整个世界，而“3”暗示了万物运转的规律。凯尔特社会分为勇士贵族、德鲁伊和手艺人这三个阶层；宇宙中有三种生命形式：人、神和亡灵；世界则分为天堂、人间和另一个世界三个区域。

三　另一个世界

在现实世界的某些地方，存在着通往另一个世界的入口。如果你能进入其中，就会发现那是普天下最快乐的土地——树木枝繁叶茂，果实挂满枝头，四处鲜花绽放，河里流淌着取之不竭的琼浆玉液。那里的居民青春不老，每天参加永不结束的盛宴。音乐、美酒、金银珠宝，无忧无虑，尽情享乐！

这就是凯尔特人对彼世的想象，那是人人向往的充满魔法力量的乐土，它被凯尔特人称为“不老之地”。

在爱尔兰的凯尔特神话中，大地女神安努的子孙组成了一个神圣部落——图阿萨·代·达南族，他们是爱尔兰岛的土著主人。这些达南族人拥有神灵的血脉，能够施展神奇的本领。然而，在遭遇到从西班牙渡海入侵的米利都人后，达南族人被打得溃不成军，在整个岛上都找不到容身之处。眼看女神的后裔要上演亡国灭种的惨剧，幸而神的血脉不是白给的，达南族人开辟了广阔的地下世界以及爱尔兰岛西边大海尽头的神灵居住之地作为他们的新领土，这些地方被统称为另一个世界。

达南族人离开现实世界的同时也留下了通往另一世界的入口，这些沟通两个世界的入口往往是一些隐秘的洞穴、湖泊深处等等，尤其是那些被称为仙冢或仙堡的史前墓冢。每个仙堡里都有一口神锅，可以源源不断地供应让人起死回生的食物和药膏；这里的苹果树上结满了使人长生不老的果子；这里的肥猪被屠宰后又立刻复活；如果你要求更多，那么就请喝下能赋予人极大智慧的魔水……

另一个世界宛如天堂般美好，自然会激起世人无限的向往和憧憬。但是神灵们并不希望凡人窥探那个神秘之处，所以爱尔兰岛的守护神马南南筑起了一道隐形的墙，试图隔离另一个世界与俗世，但这仍难阻挡英雄们寻找此福地的脚步，其中尤以奥辛和尼阿芙的故事最为出名。

根据传说，尼阿芙是来自另一个世界的公主。她爱上了奥辛，于是穿过薄雾来到了莱恩湖边。公主找到正在狩猎的心上人，邀请他前往“不老之地”。奥辛在那里幸福而无忧地生活了三个世纪，可有朝一日，他突然无比想念自己的故乡和父亲，吵着闹着要回家省亲。他不顾妻子的反对返回爱尔兰，而且忘记了尼阿芙警告他双脚切不可踏上爱尔兰土地的戒律。结果他一踏上爱尔兰的土地，立刻变成了一个虚弱无比的老人，再也无法返回不老之地了。

虽然凡人想涉足另一个世界是千难万难，但达南族人却可以自由地骚扰凡间。除了仙女公主尼阿芙的故事之外，乌鸦女神摩利甘也会在每年的亡灵节时从自己的仙冢来到凡间捣乱害人。

爱尔兰凯尔特神话中的另一个世界也可以理解为冥界，统治另一个世界的是黑暗之神唐。在威尔士凯尔特人的神话中，干脆将另一个世界直接换成了冥界安努恩，那里的居民在年轻国王阿洛恩的统治下不老不死，终日狩猎宴饮，狂欢无度。在中世纪的威尔士民间故事集《马比诺吉昂》中提到不列颠最早的猪就来自安努恩，是国王阿洛恩送给普瓦伊尔王的继承者普利德里的礼物。

与另一个世界中的传说一样，在安努恩这个世界里也有一口提供无尽美食的神锅。在《安努恩的战利品》这则故事里，凯尔特人的伟大领袖亚瑟王曾率领手下坐着三艘船闯入冥界，企图夺取神锅。可是冥界对于擅闯其中的凡人来说是可怕的死亡之地，铩羽而归的亚瑟王几乎全军覆灭，只有他和手下六人得以生还。

不过，并不是所有的凡人都会在安努恩遭遇不幸，在威尔士凯尔特人的神话中关于英雄布兰就有一段奇妙的故事：布兰在战斗中被杀，他留下遗言，让部下割掉自己的头颅送至伦敦。结果承担重任的快递员抵达属于另一个世界的瓜利斯岛时，一口气滞留了八十年之久。在这个地方，布兰的头颅不仅没有腐烂，反而和生前一样意气风发——彼世的人比凡尘中人高明了不知多少，布兰的头颅和他们谈笑风生!

在爱尔兰凯尔特人的传说中，动物比凡人更容易与另一个世界建立起联系。除了凯尔特人百吃不厌的“二师兄”以外，猎犬和天鹅也是沟通现实与彼世的重要媒介。威尔士人相信通体雪白耳朵发红的猎犬是冥界之王阿洛恩的宠物，在凯尔特神话中狗象征着死亡，也象征着治愈。他们相信狗可以通过舔舐自己的伤口来疗伤，所以所有与治疗有关的神庙中总会有狗的雕像。

另一个世界的传说源自凯尔特人对太阳和死亡的崇拜。古代凯尔特人认为世界分为由太阳统治的可见世界和由黑暗统治的隐秘世界。当一个人死去后，他的灵魂会前往另一个世界，在那里获得新生。当他在另一个世界里的生命走到尽头时，他的灵魂会再回到第一个世界，开始新的生活——如此循环不休。

凯尔特人对死亡的态度是豁达的，他们相信来生就是自己现世生活的延续，因此他们会为死者准备食物和饮品，甚至备好了来生所需的器物。

在恺撒的时代，凯尔特贵族的葬仪隆重奢华。根据考古发现，贵族墓穴中有双轮战车陪葬，精美的珠宝、美丽的织物和各种生活器皿应有尽有，有些墓穴中还发现了狗、兔子和鸟等陪葬动物，用恺撒的话来说就是极尽“壮观与奢华”。

一旦有部落重要人物去世，整个部落的人都会前来参加葬礼。大家按照德鲁伊教规定的仪式致以哀思并欢宴一场。在宴会上，战士们尽情吹牛，夸赞死者和自己的武勇，大家畅饮葡萄酒，直到酩酊大醉。在葬礼的最后，所有人一起将长矛掷入死者的墓穴，完成整个安葬仪式。

在奥地利的哈尔希塔特遗址中，凯尔特人的坟墓用石头砌成，遗骨的四周散落着随葬品：一些陶罐和一艘精致的小金船。凯尔特人和古埃及人一样，认为坟墓是通往彼世的入口，所以他们也用船将死者送往来世。

爱尔兰的凯尔特人也相信人死后会前往彼世重新开始生活。他们将死者放进箱形石坟中，坟内放有盛放食物的大瓮以及烹饪用的锅，以供死者在来世使用。他们还用石头建造祭坛，在铺设于地面的石板上摆放供奉给神灵的祭品。

从公元前100年开始，凯尔特人中再度流行起火葬的习俗。恺撒记录道："他们将所有属于死者的珍贵物品悉数投入火中烧掉，甚至包括人畜等活物。"按这位罗马征服者的理解，凯尔特人将死者家属和奴隶也一并推入火堆烧死，是为了让他们一同前往另一个世界继续陪伴伺候死者。

每年10月31日晚上，是不列颠岛上凯尔特人的除夕之夜，也是死神收集亡灵并释放以往鬼魂的夜晚。当月亮升起时，凯尔特人熄灭家中灯火，在德鲁伊教士率领下登上山顶点燃篝火，以吓退那些逼近的邪恶力量，保证死者的灵魂安然前往另一个世界。

德鲁伊教士杀马祭祀太阳神，同时将犯罪者或战俘烧死，献祭给死神。仪式完毕之后，人们会举着火把返回家中，享用美食，唱歌跳舞。如今，这种仪式发展成了基督教的万圣节。

自从欧洲大陆和不列颠岛被罗马化之后，爱尔兰几乎成为硕果仅存的凯尔特文化标本。但公元5世纪时，帕特里克和他传播的基督教福音彻底终结了凯尔特人的文化。凯尔特神话中有一种根深蒂固的英雄神思想：英雄神将经受背叛和杀戮，然后重生。所以，基督教教义所宣扬的耶稣死亡和复活对于凯尔特人来说是非常容易接受的。当一座座石头修建的基督教教堂和修道院出现后，落后的凯尔特文化终于走到了尽头。

随着一个又一个凯尔特部落皈依基督教旗下，德鲁伊教和凯尔特神话都成为另一个世界的传说那般模糊隐秘。基督教教士们用鹅毛笔和羊皮纸记录凯尔特传说中的英雄故事，将其整理成记载爱尔兰历史的英雄史诗。也许只有这些残留着浓厚凯尔特蛮族神话色彩的故事集，才是对那些已经消失的神灵的纪念。

渡尽劫波之后，德鲁伊已不存在。只有关于他们的模糊传说仍旧在世间传递

随着一个又一个凯尔特部落皈依基督教旗下，德鲁伊教和凯尔特神话都变得如同另一个世界的传说那般模糊隐秘。基督教教士们用鹅毛笔和羊皮纸记录凯尔特传说中的英雄故事，将其整理成记载爱尔兰历史的英雄史诗。也许只有这些残留着浓厚凯尔特蛮族神话色彩的故事集，才是对那些已经消失的神灵的纪念。

第二章
魔幻时代

公元 82 年，罗马帝国的不列颠尼亚总督阿格里科拉率军抵达苏格兰的金泰尔角，二十五公里外就是爱尔兰附属岛屿的轮廓。以当时罗马人的眼光看，远处外海的那个岛屿应该是世界的尽头了。

虽然阿格里科拉认为，只要派出一支军团外加一些不多的蛮族辅助军就可以平定整个苏格兰，但时任皇帝图密善并不这么看。他援引屋大维定下的不许再扩大帝国疆土的规矩，强行召回了善战的阿格里科拉。

后世的学者如此分析罗马帝国放弃征服苏格兰与爱尔兰的原因：罗马正值军事、经济和文化的巅峰期，急于享乐的统治者不愿意再为不列颠的蛮族土地继续流血。因为这里离帝国的中心太远，难以有效控制；除了隐藏着德鲁伊教士的森林外也看不到有什么值钱的特产；最重要的是，此地的凯尔特蛮子们民风彪悍，打下来容易守住太难。

但阿格里科拉的女婿塔西佗并不这么看，这位历史学家宣称自己的岳父被召回罗马全因为暴君图密善的妒忌。因为图密善本人毫无军事才能，亲自指挥的几次军事冒险都告失败，所以才无法容忍阿格里科拉在不列颠的伟大胜利。

这是一桩古罗马史上的公案，但不管真相如何，对凯尔特神话来说都是一件幸运之事。如果阿格里科拉继续打下去，苏格兰和爱尔兰、威尔士这些仅存的凯尔特文化无疑都将灰飞烟灭。

此后，上述三地的凯尔特文化又侥幸存活了几百年时间。这样我们才有机会一窥那个梦境般的凯尔特神话世界，感受那个充满质朴想象力的魔幻时代。

第一节　爱尔兰神话

爱尔兰的凯尔特人一批来自欧洲大陆，一批来自不列颠西北部，分两批迁入爱尔兰岛。

他们可不是爱尔兰的第一批土著，早在公元前 7000 年，第一批来自不列颠岛的游猎部落就已经渡海踏上了爱尔兰岛。目前一般认为凯尔特人是在公元前 6 世纪左右来到爱尔兰的，他们迅速占据了这个岛屿，就成为新天地的主宰者。此后一批批的凯尔特部落反复入侵这个偏远的岛屿，他们被同为凯尔特人的布立吞人称为盖尔人。

爱尔兰的历史就是一场入侵叠加着下一场入侵的故事，来自欧洲大陆的不同凯尔特部落、丹麦部落和日耳曼部落一次次踹开大门登堂入室，这个过程不仅塑造了爱尔兰个性十足的国家民族观念，还顺次创造出了苏格兰与威尔士。

凯尔特人虽然没有让爱尔兰岛统一成为一个国家，却统一了它的文化。凯尔特文化在爱尔兰岛上占据支配地位，直到公元 5 世纪时圣帕特里克从不列颠带来了基督教。在此之后，一方面基督教快速摧毁了爱尔兰古老的异教信仰，另一方面爱尔兰的基督教修士又勤勉地为自己的人民编纂关于国家民族的历史。到了公元 12 世纪，已经有《神话故事》、《阿尔斯特故事》、《芬尼亚故事》和《诸王列传》一共四组民间传说体系形成。

在上述作品中，修士们将爱尔兰的历史与神话和传奇故事融合在一起，尤其是《阿尔斯特故事》中关于凯尔特人生活的种种细节描写非常详尽细致，那些豪华的盛宴、坚不可摧的双轮马车与凯尔特华丽的服饰与一千余年前恺撒留下的记录非常吻合，以至于此书被称为是“铁器时代的窗口”。

爱尔兰的神话故事是流传至今的最古老的凯尔特文学作品，它的雏形是公元8世纪时以欧甘字母书写在树皮和石碑上的盖尔语文字记录。在中世纪早期，爱尔兰岛的凯尔特人仍然保持着小股群居的习俗，直到公元8世纪前后，岛上的伦斯特、芒斯特、康诺特和阿尔斯特这四个省才联合到了一起。在四分五裂的不同小国度里，流传着各种版本的神话故事。基督教的修士们秉承拿来主义，把流传在爱尔兰各地的不同版本传说故事不加筛选地统统整合在一起形成了上述四个故事组。由于不同部落的口头传说不可能存在统一的故事格式，所以当修士们强行将不同版本的民间传说浓缩成一个故事的时候，肯定有前后矛盾甚至是不知所云之处。

此外，这些故事最早由修士们抄写后在宫廷中向国王和贵族们朗诵咏念，在口头朗诵时总会有脱稿而出的即兴发挥，辗转摘抄时错漏讹误也在所难免，所以摆在现代研究者面前的是一个相当复杂的纷乱体系。

一　入侵大事记

一般来说，任何一个民族都会思考“谁创造了世界”和“我从哪里来”等问题，自然也就随之产生了创世神话来给予答案。但爱尔兰的文化存在严重断层，由于掌握着凯尔特神话体系的德鲁伊教士早已消失，他们通过口头传承的相关知识自然也彻底失落了。

基督教修士们编纂爱尔兰的历史时，记录了盖尔人残存的相当混乱的传说，当然也去除了其中那些“政治不正确”的过分宣扬异教信仰的成分，结果就整出了一组不知所云的“神话故事”。

知道的能理解这就是爱尔兰的神话故事，不知道的还以为是“天书奇谈”。总之这组传说以《入侵记》为主，记载了爱尔兰的建立和早期的凯尔特殖民者生活——虽然漏洞百出，但好歹胜过没有。

圣帕特里克为爱尔兰带来了基督教，
令凯尔特文化彻底被取代

爱尔兰的历史就是一场入侵叠加着下一场入侵的故事，来自欧洲大陆的不同凯尔特部落、丹麦部落和日耳曼部落一次次踹开大门登堂入室。公元5世纪，圣帕特里克带来的基督教，迅速摧毁了爱尔兰古老的异教信仰。

《入侵记》以编年体的形式记录了凯尔特传说中爱尔兰遭受的历次入侵，这个可怜的岛屿仿佛是侵略者的一块擦鞋垫，它的命运就是不时被新来者的脚践踏一番。在《入侵记》中最后登场的入侵者是米利都人，他们就是盖尔人的祖先。

虽然缺乏翔实的证据，但修士们还是在书中详尽记录了历次入侵者所取得的成就：他们或者开垦了耕地，或者学会了酿酒，或者发明了冶炼技术，或者掌握了音律。就在这一次次的入侵过程中，爱尔兰的文化逐渐成形。伴随爱尔兰文化一起产生的还有整个爱尔兰的自然界，它从故事开始一片毫无特色的荒芜大陆，逐渐隆起山脉，淌出河流，汇为湖泊，积成平原……在爱尔兰人和自然界一起诞生的过程中，神与魔鬼，英雄与美女，神兽与秘境的作用交织在一起，为一切改变都笼罩上了神话色彩。

虽然在修士们开始编撰《入侵记》的时代，凯尔特的吟游诗人还没有绝种，但基于宗教信仰的原因，编写者拒绝将古代传说中关于宇宙起源的成分放入自己的作品中，他们选用《圣经》作为故事背景，以《创世记》中的灭世大洪水作为神话的开端。

尴尬的是，《入侵记》中的第一批入侵者的首领比思却并非《圣经》里的人物，修士们宣称他是诺亚之子，在大洪水到来前却被父亲拒发船票。愁苦的比思正在沮丧地怀疑自己是不是邻居老王的骨肉时，他的女儿塞塞尔建议父亲铸造一座神像来获取神灵的启示。

比思从善如流，立即塑造神像开始祈祷，结果得到了神像的启示：立刻修建一座大船逃避大洪水！但神像法力不如上帝，没能告诉比思大洪水将于何时发生。时间紧迫，比思赶造出一艘大船，他带上拉德拉、芬恩两个男人，以及包括塞塞尔在内的五十一名女子一起登船远去。

这一走就是七年，比思抵达了爱尔兰岛。登陆以后三个男人分了土地和女子，其中芬恩娶了塞塞尔，比思不久后去世，拉德拉因为纵欲过度也驾鹤西去。就在这时，大洪水来临了——早知如此大家就不下船了……

毁天灭地的大洪水卷走了爱尔兰岛上的一切，只剩下芬恩一个人幸免于难。他先后化身为鱼、鹰和猎犬，度过了漫长孤寂的整整五千五百年。

在此期间，芬恩掌握了关于爱尔兰岛上的一切知识。

又过三百年，芬恩的远亲帕苏朗率领第二批入侵者抵达爱尔兰。帕苏朗是诺亚之子雅弗的后裔，他是个弑杀双亲、篡夺王位的罪犯，但是国人挫败了他的阴谋，帕苏朗只得带着四十八个亲信一路逃到爱尔兰岛避难。

帕苏朗登陆时的爱尔兰是只有三个湖泊、九条河流和一片平原的空旷之地，这帮逃亡者在此定居下来，生儿育女，开始繁衍。帕苏朗和他的后代将畜牧业和农业引入爱尔兰，还引入了建筑房屋和酿酒的方法。在这第二波入侵者主宰岛屿期间，爱尔兰岛也因为各种神奇的原因大大丰富了地形地貌。例如帕苏朗之子鲁利被埋葬时，大地忽然迸裂出一个湖泊，于是这个湖泊就被命名为鲁利湖。

帕苏朗将爱尔兰划分为五个省：西南部是芒斯特省，西部是康诺特省，东部是伦斯特省，北部是阿尔斯特省，中央则是作为国王直辖领地的米斯，意为“中心”。米斯一直存在到 12 世纪英格兰人入侵。

帕苏朗虽然在爱尔兰当上了山大王，可他的日子并不太平。一支名叫弗莫族的巨人部落频繁骚扰爱尔兰的殖民者，这帮家伙也是诺亚一系，他们是诺亚之子含的后裔——在凯尔特神话中巨人出现得很频繁，很多时候“巨人”是一种中性词汇，用以暗示某人拥有的神灵背景，以及他拥有过人的技能和魔力等等。

根据犹太人的传说，诺亚喝多了葡萄酒后在帐篷里赤身裸体呼呼大睡，含的儿子迦南见到后就跑去告诉父亲，含又去告诉了自己的两个兄弟，闪和雅弗。闪和雅弗拿着衣服倒退着走进帐篷为父亲披上遮羞，以免见到父亲的裸体让他丢丑。诺亚酒醒后恼羞成怒地诅咒含，本来《圣经》上说诅咒语是“迦南当受咒诅，必给他弟兄作奴仆的奴仆”，但是《入侵记》的作者们脑补出含的后裔变成怪物的情节：在不同的版本中弗莫族人或者是独臂独腿独眼，或者是三个头三排牙没关节，他们胃口极大，一次就能吃下一头牛和一头猪。

这些残障人士大受歧视，不仅被排除在入侵爱尔兰的殖民者名单之外，还被描述为崇尚暴力的邪恶生物。弗莫之王是能通过前额的巨大魔眼释放闪电的邪神巴罗，为避免无谓的破坏，平时巴罗并不睁开魔眼，但如果情势危急，他就会让手下撑开自己的眼皮——因为这眼皮太过沉重，靠他自己的力量无法自行睁开。

这帮弗莫巨人为了争夺爱尔兰的控制权与帕苏朗打得天昏地暗，几经周折后还是帕苏朗占了上风，弗莫族人被驱逐到多尼格尔海岸边的托里岛上。虽然帕苏朗赢得了战争的胜利，但是一场突如其来的大瘟疫横扫爱尔兰，他的人民全部死于非命，一代文明就此毁灭了。

在爱尔兰的编年史上，大瘟疫定期爆发，清理起老角色来效率非凡，简直是作者故事编不下去时的大杀器。这场瘟疫过后，帕苏朗手下的人民中只有一条漏网之鱼：他的侄儿图安侥幸生存下来。

可怜的图安在无人的爱尔兰岛上流浪了二十二年，逐渐变得老朽不堪后，他尝试将自己变成牡鹿、公猪和鹰，最后变成了一条大马哈鱼——这说明芬恩和图安这两个人物源自同一个传说。

经过很多很多年之后，图安变成的马哈鱼被一位爱尔兰女王捕捉并吃掉，于是图安转世成她的儿子。这孩子刚一出生就能背诵出从帕苏朗开始的爱尔兰历史，从此后，在爱尔兰，大马哈鱼成为智慧的象征。

第三波入侵者是图安的堂兄内维斯率领的殖民者，内维斯比帕苏朗晚到了三十年，他本来率领着三十二条船组成的船队向爱尔兰进发，经过十八个月的海上迷航之后，只有内维斯及其手下的四男四女在内的九个人成功登陆爱尔兰。虽然人数少了点，但生育能力超强，后来他们的后代膨胀到八千零六十人之多。

内维斯面临的最大威胁自然还是那些弗莫族的残障人士，他先后三次击退了弗莫族的入侵，可他死后敌人立即卷土重来。被激怒的内维斯的子民采用狭路相逢勇者胜的战术思路，直接进攻弗莫族的大本营托里岛，击杀了弗莫之王。但此战后，这帮人也只剩下三十名幸存者。

幸存者们绝望地离开爱尔兰四散而去，有的去不列颠，有的去寻找“世界北部的岛屿”，有的返回故乡希腊。回到希腊的幸存者们发现那里并不是温暖的避难所，色雷斯人将他们当作奴隶，称他们为弗博尔格斯人，也

大马哈鱼在爱尔兰神话中是智慧的象征

第二批入侵者帕苏朗的侄子图安，是瘟疫过后唯一的幸存者。他在无人的爱尔兰岛上流浪了22年，后来变成了一条大马哈鱼。多年之后，这条大马哈鱼被一位爱尔兰女王捕捉并吃掉，于是图安转世成她的儿子。这孩子刚一出生就能背诵出从帕苏朗开始的爱尔兰历史，从此后，在爱尔兰，大马哈鱼成为智慧的象征。

就是口袋人。这个怪名字由他们用口袋将色雷斯山谷中的沃土运往多石山区的举动而来。这些被迫为奴者的后裔用口袋制成科拉科尔小艇逃出色雷斯，一路航行，重返爱尔兰。

在《入侵记》中所提及的殖民民族中，只有盖尔人和弗博尔格斯人才是真实存在的民族。弗博尔格斯人是凯尔特人抵达爱尔兰之前的土著民族，崇拜名为比尔奇的神灵。这些弗博尔格斯人中没有半人半神的英雄，命运坎坷，这才是真实的人的遭遇。

接下来抵达爱尔兰的就是第一章中提到过的图阿萨·代·达南族了，所谓的“图阿萨·代·达南”，其本义为 “达努女神之民”，带有明显的古代凯尔特神灵崇拜的痕迹，所以编撰编年史的修士们将原始传说中达南族的神性大为降低，改为一个拥有神奇人物和神圣力量的人类部落。

在关于达南族的传说中，诗人奥格玛创造了爱尔兰的欧甘字母，医生迪安·凯赫特能够使人起死回生，铁匠戈夫尼奥打造的弓箭百发百中，更别提达南族中的乌鸦女神摩利甘和守护爱尔兰海域的马南南了！

达南族的国王是努阿达，他是因为在达南族中相貌最美、身材最好而被选为国王的。此外控制达南族部落的酋长名叫达格达，或者干脆就叫善神，他的巨棒一头能杀人，一头能让人复活。

达南族人拥有惊人的魔力，其行为却又充满了人的弱点。他们彼此之间会争吵会和好，会相互残杀，又会对罪行进行忏悔；他们酗酒、通奸，但又多才多艺；他们遵从德鲁伊的教诲……这分明就是凯尔特部落日常生活的写照！

在编年史中，达南族的祖先是当初前往世界北部岛屿的内维斯的子民。他们接受了四个神奇城市的礼物馈赠：法利亚斯赠给他们通过叫声确认爱尔兰王合法性的司命之石，格利亚斯赠给他们隐形神剑，菲尼亚斯赠给他们神矛，穆利亚斯赠给他们有取之不竭食物的神锅。达南族人取得宝物之后就驾着祥云飞向爱尔兰，在康诺特省西部降落。

达南族人与弗博尔格斯人因为平分爱尔兰的问题兵戎相见，战争爆发之前，双方用了三个月的时间来山寨对方的得意兵器：达南族人看上了弗

达南族与弗博尔格斯人之间发生了爱尔兰编年史上最惨烈的战争。战争持续了多年，最终以达南族获得爱尔兰的统治权而告终。

达南族人与弗博尔格斯人的旷世之战

博尔格斯人的重型长矛，弗博尔格斯人也相中了达南族轻盈的标枪。

仲夏季节，惨烈的战争在莫伊图尔平原正式爆发。双方战斗了三天，不分胜负。到第四天，达南族人发现弗博尔格斯王前往水源饮水，于是追上并杀死了他。此时努阿达立即提出建议：停火和谈。失去领头羊的弗博尔格斯人只好接受条件：退往康诺特省生活。但是努阿达也为胜利付出了代价：他在战争中失去了一条手臂，于是立即被那些只注重颜值的同胞们罢免了国王之位……

统治爱尔兰的达南族选出美男子布雷斯作为新国王，但他们不知道这位布雷斯身上流着弗莫族的血液。新王登基之后立刻表现出爱尔兰人最为不齿的卑鄙下流、贪婪吝啬的人格，他引来弗莫族作为外援，害得达南族人沦为奴隶，连酋长达格达都被迫为布雷斯做苦力去挖掘壕沟。

在爱尔兰人的观念中，一个国家的君主在生理或性格上是否完美直接关系到国家的前途命运。在布雷斯的统治下，爱尔兰迅速走向衰败。于是忍无可忍的吟游诗人考尔布利写了一首讽刺诗来咒骂国王，爱尔兰人相信讽刺诗拥有与咒符一样的魔力，而布雷斯果然因为诗中那些充满魔性的尖利语句而长出满脸疖子——按照传统，他也被迫退位。

不甘失败的布雷斯跑到托里岛与弗莫之王、邪神巴罗密谋，打算卷土重来。而巴罗此时却在因为另一桩事情而苦恼：一位德鲁伊教士曾预言他会死在自己的孙子手中，为此他将独生女艾斯尼囚禁起来。但是一个叫锡安的达南族人为了报复巴罗偷走自己的神牛而来到托里岛上，他在女巫碧珞的德鲁伊魔法帮助下找到了艾斯尼——你偷我的牛，我偷你的女儿！

虽然巴罗安排了十二名女仆日夜不停地监视艾斯尼，但碧珞的魔法让大家都坠入了梦乡——于是锡安得手了。不久后艾斯尼生下了三胞胎，狂怒的巴罗下令将婴儿全部溺死，却偏偏其中一个男婴被海浪冲到了达南族的领地。于是经由碧珞之手，孩子被送到锡安身边养育长大。

还有一个版本的传说认为，掉入海中的孩子被达南族的海神马南南收养，马南南送给自己的养子很多礼物，例如一旦骑上就绝对不会掉下并且能够在海上奔跑的魔法白马、在海上陆地上都能够行驶的魔法帆船、能够在战场上化为火球击打敌人的魔犬、巧舌如簧的乌鸦、就算是被吃掉也能复活的魔法猪等等，其中威力最大的是魔枪神光戟和魔剑夺魂剑。

而另一方面，达南族的医生迪安·凯赫特为退位的努阿达安装了一条银手臂，这位前国王对自己的假肢并不满意。医生的儿子米阿奇听到努阿达的抱怨后，施展过人的才华，让这位独臂人重新长出了新的手臂，并因此而重登王位。但可怜的米阿奇还没来得及得意，就被因嫉妒而抓狂的父亲给杀死了……

努阿达虽然恢复了完美的外貌，却没法让达南族的军队击退巴罗的巨人军团。这时神奇的卢格出现在国王面前，毛遂自荐，表示自己可以召集军队击退弗莫族的入侵者。这位卢格的原型是凯尔特神话中的光明之神卢古斯，长着一副宛如落日般灿烂的面孔，令人无法直视。卢格的多才多艺简直到了令人发指的地步：他是完美的竖琴手、吟游诗人、木匠、巫师、管家和勇士。他召集起达南族的军队，鼓舞大家的士气，让这些曾经为奴的人们有勇气在当年他们战胜弗博尔格斯人的莫伊图尔与弗莫族大军对峙。

决战开始了，达南族人在弗莫巨人的猛攻下伤亡惨重。巴罗的魔眼横扫千军，他操纵飞龙咬死了英俊的小鲜肉努阿达，连达格达也被巴罗妻子掷出的长矛刺成重伤。等到卢格与巴罗碰面时，这位无所不能的勇士在弗莫人撑开魔眼眼皮的一瞬间，投出神光戟，将巴罗的魔眼从前额一家伙打到脑后，毁灭性的闪电将巴罗身后的弗莫人大军扫荡得一干二净——卢格正是巴罗那个被海浪冲到达南族领地的外孙！

魔眼邪神死了，残存的弗莫人被逐入大海，再也没能回来祸害爱尔兰。卢格成为达南族的新国王，大地回春，万物复苏，爱尔兰重归繁荣昌盛。

达南族的统治持续了很久，直到第五批米利都入侵者到来——盖尔人的祖先终于登场了！米利都人即传说中的神话领袖米尔·埃斯帕纳的子民，按照罗马人的语言拉丁语发音就是“西班牙战士”。

米利都人来爱尔兰的原因有两个，一是因为米尔的祖父伊思曾驾船前往爱尔兰，结果他和手下都被爱尔兰人杀死；二是米尔听从了德鲁伊教士的预言，认为爱尔兰岛才是米利都人的归宿。

米尔死在远航途中，他的妻子斯科塔与八个儿子在博因河口登陆，踏上爱尔兰的土地。在后来的传说中，这位斯科塔夫人就是所有盖尔人的祖先。米利都人在米尔长子埃默津的指挥下向达南族的领地进军，这位德鲁伊教士一路抵达爱尔兰的心脏塔拉，并要求达南族人交出土地。

此时的达南族首领是达格达的三个孙子与他们的妻子——三女神班瓦、福斯拉和埃里尤，当米利都人入侵时，这三家人正在为如何瓜分爱尔兰这份家产而争论不休。一场大战下来，三个不肖的孙子全都战死，战败的达南族人被迫与米利都人达成协议：爱尔兰的凡尘世界全归米利都人，达南族前往另一个世界（也就是冥界）居住。随着达南族四散前往属于自己的仙堡或仙冢居住，爱尔兰的漫长神话入侵史也随之画上了句号。

二　夺牛长征记

爱尔兰的《阿尔斯特故事》与《神话故事》不同，它所描述的英雄故事，将神话与传奇合二为一。在这个故事所描述的年代中，爱尔兰还是一个四分五裂的岛屿，阿尔斯特王国和康诺特王国之间的冲突成为串起整个故事的主要线索。

《阿尔斯特故事》中的凯尔特人似乎仍处在母系氏族社会阶段，女子的社会地位和权力超越了男性。在整个故事中，最耀眼的角色无疑是号称“永远的贵妇人”的梅芙女王，这位康诺特王国的统治者毫不掩饰自己的欲望，她与众多的国王、勇士订婚、结婚，又与许多情人保持肉体关系。

撰写故事的修士们在名义上将梅芙等人算作了基督徒，但是整个故事体现的却是彻底的凯尔特式的价值观和生活方式。在梅芙等人的行事方式上见不到一丁点儿基督教文化的熏陶，反而充斥着蛮族的放荡不羁和血腥疯狂。

这些神话传说中充斥着关于性爱、杀戮的描写，甚至兴致勃勃地描述英雄的排泄问题。要是现代社会的出版物也如此描述，恐怕早就被封禁了事了。但在鲁莽坦率的蛮族文化中，这就是他们生活的真实写照。

以梅芙女王来说，美丽的外貌和崇高的王权让这位传奇女子分外任性，正是由于她企图夺取阿尔斯特王国最好的公牛，才引起了整个故事中最激烈的一场战争，这就是《夺牛长征记》的故事。

根据爱尔兰神话,《夺牛长征记》的作者是阿尔斯特国王弗格斯·麦克·洛伊奇，这位弗格斯是拥有七个常人力量的巨人，一次能吃下七头鹿、七头猪、七头牛，喝下七桶酒，每晚需要七个女人来满足他狂暴的欲火。

弗格斯虽然不缺女人，却一直渴望得到自己的寡嫂内萨。本来内萨死了丈夫，自然可以再嫁，但既然求婚者是国王，她就提出一个条件：让她的儿子康纳当一年的阿尔斯特国王再说。爱美人不爱江山的弗格斯一听立刻同意，于是康纳便坐上了阿尔斯特的王座。

一年到期后，按理说弗格斯应该复位了，没想到阿尔斯特的老百姓跳出来反对，大家说康纳治理国家比你这个酒囊饭袋强得多，你还是继续带着你的女人游山玩水打猎去吧！弗格斯一听，竟然大大咧咧地放弃王位去打猎了，对他而言打猎比治理国家有趣得多!

康纳治理国家的确很有一套，阿尔斯特在他手里变得兵强马壮，红色精英团和少年团的勇士构成了王室军队的中坚力量。统领全军的科诺尔·凯尔纳奇和库丘林是勇冠三军的英雄，他俩都是大德鲁伊卡斯瓦斯的孙子。

看起来康纳风光无限江山无忧，但阿尔斯特却是一个受到女神诅咒的国度。原来女神玛查曾化身凡人与阿尔斯特人克朗齐鲁结婚，按说爱尔兰的女神嫁凡人的多了去了，玛查当年也曾嫁给过第三波入侵者的领袖内维斯，这次婚姻不过是女神下凡的又一次游戏罢了。

没想到当玛查身怀六甲，即将临盆时，她的大嘴巴老公跑到康纳面前夸耀说自己的老婆跑得比阿尔斯特最棒的骏马还快。康纳一听，立即下令要玛查来与自己的赛马比赛，虽然玛查一再恳求等自己分娩后再比赛，但康纳就是不依。无奈之下女神只好参加比赛，她在越过终点获胜的一刻产下了一对双胞胎，自己则因难产而死。临终前，玛查愤怒地诅咒阿尔斯特的所有男人在国家受到入侵时都会像孕妇临盆一般经受五天五夜的剧痛折磨!

爱尔兰所发行欧元钞票上的梅芙女王

梅芙女王是康诺特王国的统治者，她与众多的国王、勇士订婚、结婚，又与许多情人保持肉体关系。正是由于她企图夺取阿尔斯特王国最好的公牛，才引起了整个故事中最激烈的一场战争，这就是夺牛长征记的故事。

这个诅咒算是冷血的康纳活该获得的，但全国的勇士都被波及连累了。雪上加霜的是，康纳又为了得到一个女人而祸害忠良，逼反了让位给自己的叔叔弗格斯。原来康纳的说书人费德利米德生了一个女儿叫黛特，有位德鲁伊教士预言这女孩将会成为阿尔斯特最美的女子，但因为她将会害得国内的勇士都丢了性命。此言一出，大家纷纷说这个红颜祸水还是赶紧弄死算了，但康纳却垂涎于黛特将来的美色，将她秘密抚养长大。

黛特长大以后爱上了美少年诺伊西，两人私奔到苏格兰生活，诺伊西的两个兄弟也为了保护这对情人而一同前往。康纳闻讯大怒，打算将黛特诱骗回爱尔兰，就虚情假意地与诺伊西兄弟讲和。诺伊西表示，只有国王的叔叔弗格斯随行保证他们安全才愿意回国，康纳同意了。康纳一边吩咐诺伊西和黛特回国，一边借故拖延弗格斯起程。诺伊西一行进入康纳的势力范围后，立即遭到康纳亲信尤格汗的袭击，混战中诺伊西兄弟全部遇害不说，康纳的人还把弗格斯之子菲阿查也杀了。

弗格斯虽然是个不称职的混账国王，却是个重视名誉的战士和爱孩子的父亲，他一怒之下率领手下三千勇士叛离阿尔斯特，投靠了邻国康诺特王国的梅芙女王。抢到黛特的康纳没得意多久，黛特和他生活了一年多后，在一次出游时从四轮马车上跳下撞石自尽，而这血光也预示着一场巨大的战乱揭开了序幕……

现在我们来说说梅芙女王，方才我们已经介绍过这位爱尔兰女神的作风。她决定下嫁给康诺特王并不是出于爱情，而是因为康诺特王艾利尔花钱大方，并且对自己老婆的外遇持不闻不问的态度。夺牛记风波的起因就在于对财富的争论上：某一天康诺特国王王后两口子躺在床上聊天时，开始讨论谁更有钱的话题。争来争去，艾利尔指出自己拥有一头天神赐给爱尔兰的白色公牛艾，终于压制住了自己老婆的嚣张气焰。

梅芙对比阔失败耿耿于怀，她听说天神赐予爱尔兰的神牛有两头，除了艾以外还有一头棕色的公牛库莱在阿尔斯特王国，于是就派使者去找神牛的主人，希望能借用一年。没想到主人很不给面子，拒绝了，于是梅芙就召集自己的盟国，组建了一支大军进攻阿尔斯特夺取神牛。

阿尔斯特国王弗格斯是拥有七个常人力量的巨人，一次能吃下七头鹿、七头猪、七头牛，喝下七桶酒，每晚需要七个女人来满足他狂暴的欲火。

弗格斯

而此时投靠梅芙的弗格斯也成为女王的情人之一，他奉命率领军队进攻自己的祖国。虽然梅芙获悉阿尔斯特勇士所受的诅咒后认为胜利唾手可得，但弗格斯却心中忐忑，因为他知道在所有的阿尔斯特勇士中有一个是不受女神玛查诅咒影响的，那就是他的朋友库丘林。

库丘林的母亲德赫提尔是大德鲁伊卡斯瓦斯的女儿，少女时代的德赫提尔在博因河畔狩猎时感应到达南族之王卢格所托之梦，从而生下了这个拥有神灵血脉的勇士，所以他不会受到女神诅咒的影响。

库丘林是个绰号，他的真名是谢丹达。只因谢丹达在七岁时就杀死了铁匠丘林家凶狠的看门狗，所以他承诺在铁匠重新找到一条狗之前代行看门职责，于是大家都叫他库丘林，也就是盖尔语中“丘林的英雄狗”之义。

少年时代的库丘林师从苏格兰女勇士斯恺撒奇，并得到了名为“盖伊·博尔格”的神矛，这支长矛刺中人体后，会射出三十只飞镖在敌人体内乱窜，顷刻间便能要人性命。

成年后的库丘林是位嗜血如命的战士，只要开始战斗，他的身体会变形成令人恐惧的模样：“一只眼凹陷下去，另一只则异常外凸；血盆大口，嘴咧至耳根；头变得异常巨大，带着怪光，令人毛骨悚然，头发竖立，硬如猪鬃。”还有一种说法是库丘林双手双脚都各有七根指头，双眼里各有七个瞳孔。总之这个战士一旦暴怒起来任谁也无法约束。

当康诺特的军队抵达阿尔斯特边境时，库丘林果然单枪匹马挡在他们面前。这位英雄仅用一条手臂和一只眼睛就将橡树扭成了一个木环，他要求康诺特的勇士赌上自己的名誉也如法炮制一番，否则就不能继续前进。

康诺特人当然无法做到这一点，可当他们企图迂回前进时，总能遇到库丘林设置的类似挑战。梅芙闻讯后失去耐心，她下令军队无视库丘林直接前进——反正其他的阿尔斯特男子都在承受着分娩般的痛苦，个个都像玻璃人一般脆弱。

故事的发展就如同真实的前线故事一样，士兵们小心翼翼维持的对峙局面，被中军帐里的一声令下打个粉碎。康诺特的军队继续前进，库丘林被迫开始杀戮。开始是三个两个的警告式杀戮，很快就变成不受控制的大杀特杀。暴怒的库丘林变成嗜血的魔鬼，光是他那副狰狞的模样就把很多康诺特的勇士吓死了。

眼看着成千上万的人死在库丘林的长矛之下，弗格斯不得不出面调停。他与库丘林达成协议：库丘林的屠杀和康诺特的进军都放慢速度，条件是库丘林每天与康诺特派出的一位勇士决斗。战斗期间康诺特人可以进军，决斗结束他们就停止前进。这等于是拿一条人命换取一小段进军时间，但梅芙觉得挺划算。她宣称一天死一个总好过一天死一百个，按照这位女王的小算盘，即使找不到可以打败库丘林的人，那么靠车轮战也能将他累垮。

一开始还是颇有些勇士打算去挑战库丘林的，可是随着他们一个接一个地死去，炮灰们也不敢向前冲了。梅芙女王只好不断悬赏加码：王室财产、高官厚禄，甚至包括女王自己“友好的大腿”，但最后这一切赏格都告失效，因为大家不是瞎子，谁都知道梅芙开出的价钱是有命赚没命花的。最后梅芙用诡计欺骗弗格斯出面与库丘林决斗，但这对朋友是发过誓绝不自相残杀的。无可奈何之下，库丘林只好诈败逃走，让弗格斯欠下他天大的人情。最后成全了梅芙的是伟大的斗士纳齐兰特尔，虽然他和前面的挑战者一样命归黄泉，但为梅芙赢得足够的时间发动闪电战夺得了棕牛库莱。

按说目的达到应该撤军了，但梅芙继续派遣勇士去挑战库丘林。这个女人受不了无法击败库丘林的挫折感，为此找到了库丘林的同门师弟费迪亚。不愿同门相残的费迪亚几次拒绝了梅芙的邀请，于是梅芙把自己美丽无比的女儿芬达布尔当作筹码，但费迪亚依旧犹豫不决。最后梅芙使出激将法，她告诉费迪亚自己准备了一打吟游诗人，他们会将某人不敢挑战库丘林的胆小鬼故事传遍整个爱尔兰。

这下费迪亚不得不出马了，他写信给师兄，二人约在佛德小溪旁进行决斗。这两位英雄之间的战斗持续了四天，头两天惺惺相惜，白天搏斗，晚上共进晚餐，彼此疗伤，谁都不肯使出全力。到了第三天，双方的耐心逐渐消磨殆尽，同门切磋变成了真正的殊死搏斗，这天结束战斗以后，他们再没有走到一起去疗伤，也没有了友好的暗示。到了最后一天，两人都知道到了最后时刻。费迪亚穿上了自己特有的武装：带有丝绸的上衣，外加上棕皮保护，腹部绑着一块坚硬的石头，头上戴着镶有羽毛和红宝石的头盔。他将自己保护得严严实实，因为他害怕库丘林会用神矛刺中自己的腹部。开始战斗后费迪亚占了上风，但库丘林随即狂暴起来，两人互相揪扯着在地上翻滚。费迪亚用尖刀刺穿了库丘林的身体，但库丘林也用神矛给了费迪亚致命一击。在弥留之时，费迪亚请求库丘林将自己安葬在溪流那头。于是伤痕累累的库丘林抱着费迪亚蹚过溪流，安葬了他的敌人和曾经的朋友。

完成这一切后，库丘林也倒在地上，再也无法战斗。但就在此时，更大规模的杀戮开始了：女神施加的诅咒已经被破除，阿尔斯特的勇士们集结起来，赶赴加拉齐平原与梅芙的军队展开决战。每一个人，不管他愿不愿意，都注定要投入这个巨大的绞肉机中。

弗格斯对自己故国的同胞们大开杀戒，他麾下的康诺特勇士们占据了上风。很快弗格斯抓住了屠杀他全族的罪魁祸首康纳。康纳的王子们再三祈求弗格斯的慈悲和宽恕，最后弗格斯用剑削平了附近的三座山峰以泄恨。

战场上的喧嚣和哀号传入库丘林的耳中，当得知是弗格斯在疯狂杀戮时，他强撑着来到战场上，要求朋友偿还自己的人情。弗格斯遵守承诺，率部离开战场，这下梅芙女王只剩下自己的人马，立刻显露败象。梅芙手下的勇士在库丘林的威名之下四散溃逃，她本人仅仅是因为库丘林不屑于杀她才幸免于难。

就在人类互相厮杀时，两头神牛也展开了搏斗。被送到康诺特的棕色公牛库莱一抵达就发出三声挑战的嗥叫，接着便立刻向白色公牛艾发起挑战，两头神牛之间杀得天昏地暗，足迹踏遍了整个爱尔兰，到了第二天白牛倒下了。库莱得意扬扬地返回阿尔斯特，一路上尽情抛撒对手的血肉。可当它抵达阿尔斯特边界时，也因为气力衰竭而死。

梅芙失魂落魄地返回康诺特，她用一句话总结整场战争："现在我们只剩下耻辱和混乱。"

夺牛记的故事结束了，但主角们的命运并没有摆脱悲剧的旋涡。

七年后，梅芙女王卷土重来，再度袭击阿尔斯特王国，这次她请来六位巫师对付库丘林。而此时的库丘林因为拒绝了乌鸦女神摩利甘的示爱而遭到报复：当时身穿红衣的女神驾驶着一辆红色的战车出现在英雄面前，宣称她可以带给库丘林胜利，希望能得到对方的爱作为报答。但库丘林鲁莽地断言自己作战不需要别人的帮助，尤其是女人。

库丘林对女神魅力的蔑视为自己带来了灭顶之灾，连其父光神鲁格也无法拯救他。因爱生恨的女战神诡计百出地报复库丘林，令库丘林坠入巫师的陷阱。

因为库丘林曾发过三个誓言：不吃狗肉，不拒绝地位低的人的食物，不拒绝吟游诗人的要求。现在他的敌人利用这些誓言来要他的命了：在库丘林赶往战场的路上，巫师扮作烧肉的老妇人向英雄献上食物。库丘林被迫接过老妇人献上的狗肉吃下去，立刻失去了力量。这时被收买的吟游诗人里奥等人要求库丘林交出自己的神矛，库丘林被逼上绝路，只好交出武器任人宰割。里奥等三人用神矛先后杀死了库丘林的车夫和爱马，最后刺穿了库丘林的身躯。库丘林要求喝点水再死，里奥答应了。库丘林用水洗净自己的内脏塞回体内，又将自己绑在石柱上站立而死。整整三天，没有一个敌人敢靠近库丘林的尸体，直到变作乌鸦的摩利甘落在他肩上狂喜地宣告英雄已经去世。

库丘林死去后，他的朋友康纳继续与敌人血战，吟游诗人里奥和康诺特的国王艾利尔先后被杀。

弗格斯因为遵守对库丘林的诺言在敌阵前逃亡而声名扫地，再加上他在一次仙境冒险时身体受到一只名叫“大河之马”的怪物的摧残，因而变得十分难看，因此这位英雄沦为人们耻笑的对象。后来弗格斯在临终前重回仙境，手持宝剑在波浪中与大河之马奋勇厮杀。日出时，人们看到了手持怪物首级的弗格斯，他的面容和过去一样英俊。弗格斯看着自己的祖国阿尔斯特，向人们大喊：“我赢了，我来自阿尔斯特！”说完便消失在湖水中。

又过了若干年后，康纳的儿子弗拜潜伏到了加洛尔湖畔，在梅芙女王来这里洗澡时将其暗杀。

库丘林因为拒绝了乌鸦女神摩利甘的示爱而遭到报复，因爱生恨的女战神诡计百出地报复库丘林，令库丘林坠入巫师的陷阱。在与梅芙女王的战斗中，他被迫交出武器，任人宰割。这位伟大的战士是站立而死的。

垂死的库丘林

三　芬尼亚故事

芬恩・麦库尔是爱尔兰神话中最为著名的英雄，《芬尼亚故事》就是以芬恩和他率领的芬尼亚勇士团的探险经历为线索展开的。在爱尔兰传说中，芬尼亚勇士团组建于公元3世纪左右，他们保卫爱尔兰和苏格兰，维护公正和秩序。在芬恩出现之前，芬尼亚勇士团原本是一群乱糟糟的绿林好汉团伙。芬恩出现后把“勇士的荣誉和正义”定义为行为准则，于是这群粗鲁的凯尔特战士变成了游侠英雄。

传说芬恩的母亲穆尔娜拥有达南族和弗莫族的双重血统，她的祖先分别是达南族国王努阿达和魔眼邪神巴罗。芬恩的父亲麦库尔则是芬尼亚勇士团的首领，他率领爱尔兰最优秀的勇士为保卫爱尔兰而战。在麦库尔的领导下，芬尼亚勇士团曾经击败了“伟大世界最高国王”所率领的入侵者。

芬恩出生不久，麦库尔就被觊觎勇士团领袖地位的莫纳家族的戈尔等人杀害。穆尔娜强忍悲痛，带着幼子逃到斯维利・布鲁姆森林避难。在那里芬恩化名为丹纳，被交给两位养母抚养，她们是德鲁伊女教士博德摩尔和她妹妹丽雅丝・露其拉。

在养母的教导下，芬恩学会了一个爱尔兰勇士应有的全部技能。他游泳快似鱼，跳跃如豹子，奔跑赛过鹿，狩猎猛如狮——总之在爱尔兰神话里，一位传奇英雄必定是全能选手。等到7岁时，芬恩获得了命中注定的最强大力量，那就是智慧。

当时芬恩正跟随一位德鲁伊教士芬尼格斯学习诗歌，芬尼格斯因为被预言将钓起一条充满智慧的大马哈鱼，所以在博因河口努力了七年。这条大马哈鱼吞下了充满大智慧的榛果，所以第一个吃下它的人将成为无所不知的智者。

当芬恩来到自己的老师身边时，这位垂钓七年的德鲁伊一下子就钓上了大马哈鱼。兴奋的芬尼格斯让自己的小学徒去烧鱼，还提醒他千万不能吃一丁点儿鱼，因为第一个吃鱼的人将获得魔力。

芬恩认真按照吩咐去烧鱼，但他不小心烫到了手，连忙把拇指放进嘴里吸吮止痛，却因此吃到了粘在上面的鱼皮。这下他得到了命中注定的智慧力量，日后每当他想要使用自己的智慧时，只要把拇指放进嘴里吸吮即可。

在森林里时芬恩并不知道自己的身世，直到他长成一个金发的巨人少年开始四处闯荡时，才从母亲的第二任丈夫克里国王那里知道自己所背负的国仇家恨。

长大后的芬恩来到塔拉，向爱尔兰国王科马克·马克·阿特效忠。在爱尔兰神话中的爱尔兰国王，或者至尊王指的是整个爱尔兰名义上的共主，他与各个省份的国王之间的关系类似中国春秋时期的周天子与各路诸侯。

当时正值亡人节前夕，达南族的各路人马正要从各自的仙堡仙冢等另一个世界跑到人间来撒欢度假。在过去九年里，一个叫艾伦的达南族人持之以恒地找塔拉居民的麻烦。他先用魔笛和竖琴奏响催眠曲，等到大家进入梦乡后就口吐火焰将整个塔拉烧成灰烬。

眼看又到了艾伦来临的日子，谁都不喜欢在梦中被烧烤不是？着急的科马克询问手下诸位爱卿，哪位有办法治治艾伦那老小子？

芬恩一看机会来了，立刻挺身而出：我替大王去巡山！不过，事成之后请陛下满足我的一个要求。科马克同意了，他派出侍从菲阿查协助这位年轻人。菲阿查是芬恩父亲的故交，他将一支百发百中的神矛交给芬恩，告诉他只要把矛头顶在前额就不会受到艾伦音乐的蛊惑。

到了晚上艾伦出现了，他弹起竖琴，吹响风笛，塔拉的守卫们都坠入梦乡。可芬恩仰仗神矛的保护丝毫不受影响。当艾伦开始喷吐火焰时，芬恩用盾牌和斗篷接住，将火焰全都送进泥土里。艾伦知道遇到对付不了的敌人了，他一转身撒丫子就往自己的仙冢里跑，因为凡人无法进入另一个世界，他只要跑回去就安全了。

可不管他跑得多快，都无法甩开在魔法森林里进修过田径的芬恩。就在他抵达仙冢门口时，芬恩用神矛击中了他，其力量之大使得艾伦的心脏都从嘴里蹦了出来。芬恩砍下艾伦的头颅，带回塔拉，挂在柱子上，旁边再摆上艾伦的竖琴和风笛。日出时大家都醒来了，芬恩这位救世主受到万众欢迎。

现在科马克必须满足芬恩的要求了，芬恩提出要继承自己父亲的职务，去当芬尼亚勇士团的头儿，而此时芬尼亚勇士团的首领正是芬恩的杀父仇人戈尔。戈尔是个识大体的男子汉，知道挡人前程更甚于杀人父母，于是他毫不犹豫地从领导位子上退了下来，结果两人反倒成了好朋友……

随着芬尼亚勇士团的新首领走马上任，芬恩的时代正式开启了！新任CEO手下有两万名勇士，其中中高层干部达七百五十名之多，剩下的底层员工每二十七人组成一个小队行动。

进入勇士团的条件是苛刻的：你要能在快速奔跑的同时完成以下三项任务：先跳过一人高的树棍，再钻过齐膝高的树棍，最后还要用一个指尖拔掉脚上的一根尖刺——这古爱尔兰版的规则肯定能妥妥地淘汰所有的现代铁人三项赛选手。

那些通过身体素质考核的好汉们，还必须遵守如下的誓言：不掠夺牲畜，不因为金钱而拒绝请求，即使面对十倍之敌也不言退缩，不为家庭成员报私仇。大家都保证为了勇士团的事业放弃自己的家庭，这种誓言有效地保证了勇士团内部的团结。

芬尼亚勇士团并不是一个功能单一的军事团体，它的内部构成很完善，颇有点企业办社会的意味：它除了拥有自己的吟游诗人、医生、乐手和五十名女裁缝外，还有凯尔特社会特有的德鲁伊教士为大家服务。身为国家公务员，爱尔兰人民用赋税保证了勇士团成员都享有高薪厚禄。

芬恩并不是一个人在战斗，他拥有很多自然界和非自然界的亲人朋友帮助。其中“小坚果”是个只有四英尺高的达南族吟游诗人，对任何故事都过目不忘，弹奏的音乐更是美妙无比；布兰和西奥兰是芬恩的两条猎犬和外甥——因为它们是芬恩的姐姐被女神变成狗的时候生下的；母鹿萨德布被芬恩勇士团捕获后破除了邪恶的德鲁伊魔法变回美丽的女子，她成为芬恩的妻子，可惜她最后还是被魔法变成鹿并失踪了；萨德布为芬恩生下了名叫奥辛（小鹿）的儿子，这孩子长大后成为与父亲比肩的英雄，后来与来自另一世界的公主尼阿芙成婚；芬恩的孙子奥斯卡也是芬尼亚勇士团的英雄，他率领的队伍号称“可怕的扫帚”。

芬尼亚勇士团

在爱尔兰传说中,芬尼亚勇士团组建于公元 3 世纪左右,他们保卫爱尔兰和苏格兰,维护公正和秩序。在芬恩出现之前,芬尼亚勇士团原本是一群乱糟糟的绿林好汉团伙。芬恩出现后把“勇士的荣誉和正义”定义为行为准则,于是这群粗鲁的凯尔特战士变成了游侠英雄。

随着芬尼亚勇士团频繁的探险与狩猎，芬恩与另一个世界的接触也愈加频繁。有一次他在伦斯特省打猎时，遇到一头长角猪头鹿身的怪兽，这怪兽身体两侧都有月亮标志，身后还出现了一个神秘的红衣女子。红衣女子和怪兽将芬恩一行引入仙冢，达南族国王正在仙冢中召开盛大的宴会。

怪兽在仙冢中发出男人的声音，自夸奔跑速度天下无敌，于是大家都拥出仙冢互相追逐，最后布兰赢了怪兽。此时红衣女子宣布，怪兽本是曾统治爱尔兰的弗博尔格斯人之王，而他的死亡预示着爱尔兰必将陷入动荡。

此时芬恩正逐渐衰老，越来越多的年轻人跃跃欲试，希望取代他的位置。这样的危机感令芬恩性格中的那些负面成分逐渐暴露出来，尤其是当他希望娶爱尔兰国王的女儿克雷恩娜公主为妻时，一场纠纷终于爆发了。

就在芬恩与克雷恩娜订婚的宴会上，勇士团的一个勇士狄阿尔梅德出现在公主的视线里。年轻的狄阿尔梅德并没有什么神灵血统，但他有个身为爱与青春之神的养父奥恩古斯。在他还是个孩子的时候，一位仙女用手指在他额头上点了一下，于是他拥有了令所有女人都无法抵挡其魅力的“爱穴”。

克雷恩娜对这位勇士一见钟情，难以自拔。为了达到与狄阿尔梅德成婚的目的，克雷恩娜在酒席上为宾客下了迷魂药，然后向狄阿尔梅德发起了一个特殊的请求——禁制。禁制这个词汇的发音是“盖什”，它是凯尔特战士们的神圣誓约，无论是自愿发誓许下或是他人用法术或誓言使他立下，基本上不可违背。在神话故事里它往往是英雄不为人知的禁忌或致命弱点。

禁制在爱尔兰勇士行为准则里是不可被拒绝的请求，否则他将名誉扫地。而公主向心上人提出的禁制非常简明扼要：带着我私奔！

狄阿尔梅德颇为尴尬，因为他本人对公主并没有那种意思啊！可是身为一个勇士是不能拒绝别人提出的禁制的，如果拒绝他将失去名誉，但如果答应，他将必须面对自己忘年交朋友的怒火。最后狄阿尔梅德勉为其难地答应了公主的要求，但提出一个前提条件就是不做她的情人。

得知新娘跑路的消息后，芬恩失去了理智和宽容，他派出人马不断追杀这对“奸夫淫妇”，这种疯狂的报复行为竟然持续了十六年之久。芬恩派来的追兵包括海上三王者及三条毒犬、九名嘉汶勇士，甚至达南族女神玻德茉尔，但狄阿尔梅德是个出色的战士，上述追兵全被他杀得一干二净。这令芬恩愈加恼怒，更糟的是克雷恩娜在逃亡途中成功收服了狄阿尔梅德的心，两人实打实地过起了私奔的小日子……

最终芬恩将私奔者追杀到博因河口奥恩古斯神的住处，奥恩古斯以神灵的身份劝说他们讲和，最终大家达成了调解意见：爱尔兰国王将另一个公主嫁给芬恩，而狄阿尔梅德以克雷恩娜丈夫的身份重返芬尼亚勇士团。

这场风波虽然过去了，但仇恨的火焰一直在芬恩心中燃烧。这位英雄策划了一起不光彩的阴谋事件——捕捉出没在斯莱戈郡本布尔宾山上的大野猪，这头野猪的身世非常特殊：它本是狄阿尔梅德同母异父的弟弟，因为狄阿尔梅德的父亲栋恩痛恨妻子偷情所生的这个孩子，于是在奥恩古斯举办的宴会上趁乱用腿夹死了他。

被杀死的孩子的生父来头不小，他是奥恩古斯神的管家。丧子的管家获悉真相后用魔法让儿子转世为一头没有鬃毛也没有耳朵和尾巴的大野猪，并发出如下禁制：“我给予你禁制：你将引领狄阿尔梅德去往死亡之途；你自身的生命亦不能比他的更长。”

管家的禁制是一个很明显的诅咒，接受禁制的野猪之后被称为“斯利弗桂里昂的野猪”，它是狄阿尔梅德命中注定的克星。

芬恩邀请狄阿尔梅德来到本布尔宾山捕猎野猪，直到他抵达后才将野猪的身世告诉了他。狄阿尔梅德知道自己在劫难逃，他看着眼前的芬恩，这位老人是他的家族长辈，是他尊敬的领袖，也曾是他的忘年交朋友。

“如果这就是我的归宿，那就随它吧！”狄阿尔梅德说完后就冲向野猪开始搏斗，虽然他杀死了野猪，但野猪的獠牙也挑出了他的肠子。

倒在地上的狄阿尔梅德祈求芬恩的救援，因为芬恩有魔法，只要用手接水喂给狄阿尔梅德就能救活他。但芬恩无法克制心中的仇恨，连续接水三次送到狄阿尔梅德嘴边，结果都让它们顺着指缝流光了。

狄阿尔梅德死了，芬恩所有的荣耀也随之陨落，芬尼亚勇士团迅速变成了一个流氓无赖的团伙，他们不满足于爱尔兰人民提供的俸禄，开始四处敲诈勒索，甚至连爱尔兰国王嫁女时都被芬尼亚勇士团要求从嫁妆中获取巨额抽成！

爱尔兰国王怒了，他召集全国的贵族到塔拉议事，公然宣称宁愿死在芬尼亚勇士团的剑下也不妥协！随着国王号召，爱尔兰人民团结起来推翻芬尼亚勇士团的压迫，整个爱尔兰陷入混乱之中。

曾杀害了芬恩父亲的莫纳家族再度站出来反对芬恩，他们投入爱尔兰国王麾下对勇士团开战，而芒斯特国王等人则支持勇士团。内战的火焰席卷整个爱尔兰，芬恩之孙奥斯卡杀死了爱尔兰国王，但他也重伤而死，勇士团的成员一个接一个死在战乱中，等到战争结束时，岛上的男人基本上只剩下婴儿和垂暮老人了……

据说战后幸存的最后一个勇士团小队曾来到塔拉，他们发现自己再也不能向百姓展现出力量和荣耀，人们当他们是空气，没人理睬他们，没人在意他们。当他们意识到自己已经完全不被接受后，就来到塔拉的一处山坡上躺下，嘴唇紧贴着泥土死去。

至于芬恩的命运一直没有定论，有的神话说他因为谋害狄阿尔梅德被勇士团罢黜，在企图渡过博因河时淹死；有的神话则认为芬恩率领残存的勇士团成员隐居山谷，他们在洞中长眠，等待着爱尔兰人民的再度呼唤……

四　爱神与仙宫

仙宫这个词语并不是凯尔特神话中独有的，在大多数蛮族的传说中都有类似的想象场景存在，例如北欧神话中奥丁率领的阿瑟神族[①]居住的神之

① 阿瑟神族为北欧神话中的神之群体。详见何鹏著《北欧神话》，陕西人民出版社 2016 年版。

国度就叫作仙宫。

在爱尔兰神话里，仙宫则是另一个世界的代称，当凯尔特殖民者抵达爱尔兰时，他们发现史前文化所留下的坟冢，并以他们的想象力将这些古墓与神灵联系起来。于是散布在爱尔兰乡村中的那些古代坟墓忽然成为通往另一个世界的通道，每一座坟茔中都栖息着某位凯尔特神祇。

在米斯郡纽格兰奇的史前墓穴群“布鲁夫·纳·博纳”兴建于公元前5200年，这座气势宏伟的通道墓穴用博因河畔的鹅卵石堆砌而成，一条狭窄的通道直抵中央墓室——爱尔兰人认为这里就是爱神奥恩古斯的仙宫。

身为凯尔特文化的产物，在爱尔兰神话中，爱情是永恒的主题之一，因为有爱存在，所以万物和谐，茂盛兴旺；也因为有爱的纠葛，所以燃起争端，挑起祸乱。在神话中为万众爱情掌舵的便是达格达与博因河女神博安之子奥恩古斯。

奥恩古斯居住在“布鲁夫·纳·博纳”中，据说当其养子狄阿尔梅德死于芬恩的阴谋之后，奥恩古斯将他的尸体带回自己的仙宫，每当他想与狄阿尔梅德说话时，只需吹一口气就能将灵魂注入养子的身体。

从狄阿尔梅德与克雷恩娜的爱情故事中可以看出，爱神的职责就是保护相爱的恋人不受伤害。这位爱神不光保佑凡人，也保护相爱的神灵。奥恩古斯的哥哥米锡尔爱上了美丽的艾丹，可是他凶悍的妻子富阿弗纳奇用魔法将勾引丈夫的狐狸精变成了一只红苍蝇。鉴于嫂子的法术强大，也可能是因为协助哥哥出轨而心虚，奥恩古斯只破除了富阿弗纳奇一半的诅咒，让红苍蝇在夜间能够恢复艾丹的原貌。可是富阿弗纳奇又掀起一阵狂风，将苍蝇小姐吹到九霄云外。这下艾丹可惨了，她嗡嗡嗡地孤独飞行了一千年，最后掉进酒杯里给淹死了……

好戏还未结束，饮酒的那位女士眼神不好，没注意到酒是加了料的，她一饮而尽，就此怀上了转世的艾丹。于是这位阿尔斯特英雄的妻子生下了美丽动人的女儿，这孩子长大后与爱尔兰国王有了婚约。

就在国王迎娶她时，米锡尔闯进庆典现场。他用花言巧语骗得爱尔兰国王允许自己亲吻新娘，双唇一触碰，新娘便恢复了前世的记忆，与米锡

爱尔兰神话中的英雄和美女

身为凯尔特文化的产物，在爱尔兰神话中，爱情是永恒的主题之一，因为有爱存在，所以万物和谐，茂盛兴旺；也因为有爱的纠葛，所以燃起争端，挑起祸乱。爱尔兰神话中英雄和美女之间总会产生奇妙的情愫。

尔重燃爱火，两人变作天鹅腾空而去，飞向自由。

爱尔兰神话中的爱情故事总与天鹅息息相关，而爱情的魔力是如此之大，甚至连掌管它的神灵都被反噬。

奥恩古斯曾经在长达一年的时间里连续梦见同一位美丽的女人，这位姑娘在梦境中向他招手，奥恩古斯也情不自禁地伸出手去，可每到这时他就醒来，姑娘也消失了。

这种精神折磨害得爱神茶饭不思，形容憔悴，他的达南族同胞以为他生病了，就请来医生医治。奥恩古斯不好意思坦白自己竟然爱上梦境中的女人，但是他的症状瞒不过神医弗格尼，弗格尼请来博安女神，请她在爱尔兰境内寻找爱神梦中的女子。

博安女神没找到这女孩，于是又请来了达格达，达格达也告失败后又让爱神的舅舅博安·戴尔格出马，老舅出马一个顶俩，还真搞清楚这梦中的女孩是达南族人，名叫希尔，就住在康诺特王国的一处湖畔。

奥恩古斯立即前往康诺特，向艾利尔国王和梅芙女王求助。爱神亲自恳请，加上达格达居中斡旋，这份人情让康诺特王室不得不答应帮忙。艾利尔召见希尔的父亲艾瑟尔，命令他将女儿献给爱神。没想到艾瑟尔毫不理睬国王的命令。艾利尔大怒之下，出动勇士捣毁了艾瑟尔的仙冢。艾瑟尔终于让步，他告诉爱神在第二年亡人节时来到湖畔便可以见到希尔。

第二年，奥恩古斯如约抵达，湖上漂浮着一百五十只美丽的天鹅，爱神认出了隐藏其中的希尔。他按照希尔的要求，也化为天鹅游到她身边，两只天鹅交颈相依，然后一起飞到爱神位于博因河畔的仙宫，在那里举办了盛大的婚礼。

第二节　威尔士神话

与爱尔兰不同，威尔士的文化体系并不是纯粹的凯尔特式样。威尔士属于四战之地，它的历史很古老，公元前 1000 年时就已经有大陆来的殖民者定居了。此后威尔士群雄并立，西留尔人在西北地区称霸，西南方则被爱尔兰人侵占，中部属于科诺伟人……结果等到罗马人一来，所有这些割据者都灰飞烟灭。

从公元 43—410 年，威尔士一直是罗马帝国不列颠尼亚行省的一部分，住在这里的老百姓规规矩矩地执行政府的罗马化政策。后来罗马帝国衰落，撤离不列颠岛，本地贵族请来日耳曼蛮族雇佣兵抵御苏格兰皮克特人的骚扰。谁知这是引狼入室：盎格鲁人和撒克逊人合伙侵略不列颠。

如此混战到公元 6 世纪初，凯尔特部落逐渐被压迫到不列颠岛西部的威尔士群山之中生活，其中的布立吞人开始自称威尔士人，同时建立了格温内斯王国这一罗马帝国的继承国，其国王享有“不列颠人之王”的尊称——正是这一历史背景孕育了关于亚瑟王的神奇传说。

每当威尔士遭遇外敌入侵的时候，吟游诗人们便开始传唱古代英雄的赞歌。他们的素材主要来自爱尔兰神话，同时也受到英格兰人的影响，这些民间诗篇经过几个世纪的积累后，被修士们搜集抄写整理成卷，于是威尔士自己的神话故事集《马比诺吉昂》诞生了。

在这个故事系列中，威尔士的神话从爱尔兰神话中独立出来，它的风格受到中世纪文学作品的影响，但其精髓仍然带有鲜明的凯尔特文化特征。

《马比诺吉昂》的故事核心由四个支系构成，其中包含四篇最具神话性的故事，在每个分支故事的最后一段都有同样的结束词：“就这样结束了马比诺吉的这段分支故事。”

有趣的是，按照威尔士语，这部书应该叫《马比诺吉》，后面没有“昂”这个音。之所以会有这个错误，是因为在第一次将这部诞生于 11 世纪的威尔士散文诗集翻译为英语时，当时威尔士方言并不统一，所以译者产生了误解。

《马比诺吉昂》的四个支系中其实只有两个是威尔士本土的故事，另外两个来自法国的布列塔尼半岛，虽然神话跨越了国界，但它们都是凯尔特文化圈的产物。

一　普瓦伊尔传奇

《马比诺吉昂》第一支系讲的是威尔士南部达费德郡的国王普瓦伊尔的神话故事，这位国王与很多爱尔兰神灵有血缘关系，例如达格达。普瓦伊尔的妻子里安农来头也不小，她是威尔士地区流行的凯尔特女神。

在故事开始的时候，普瓦伊尔狩猎时见到一群白身红耳的猎犬在追赶驯鹿。他瞅着猎犬主人没有现身，就赶走了这伙猎犬，然后放出自己的猎犬去追逐驯鹿。这样一来，他就得罪了安努恩冥界之王阿洛恩，因为他赶走的是阿洛恩的爱犬。

冥界之王阿洛恩在达费德国王面前现身，要求普瓦伊尔赔偿自己的损失。普瓦伊尔理亏在先，于是不得不接受了对方的奇怪要求——两人互相交换身份一年，在此期间不能被其他人看出破绽。一年期满后，普瓦伊尔还必须与阿洛恩的劲敌哈夫甘进行一场决斗。

虽然这些赔偿要求匪夷所思，但普瓦伊尔还是一口应承下来。阿洛恩看对方答应得挺痛快，就善意地提醒他要杀死哈夫甘必须一击致命，过多的打击反而有助于对方恢复健康。

交易达成，两人来到阿洛恩冥界的王宫，阿洛恩施展魔法让臣民们都认为自己就是普瓦伊尔，甚至连他的妻子也不例外。虽然稀里糊涂成为冥界之王，但普瓦伊尔并没有趁机去占便宜，他每天晚上都对着墙壁睡觉，甚至不敢跟王后说一句话。

一年期满，到了与哈夫甘决斗的日子。普瓦伊尔按照阿洛恩的吩咐，一上来就给了哈夫甘致命一击，重伤的哈夫甘祈求再给自己来个痛快的，但普瓦伊尔并没有上当，而是冷静地看着对方伤重死去。

不久后阿洛恩回到冥界，满意地发现普瓦伊尔是个诚实的君子，特别对于他没有占自己老婆便宜这一点大为赞赏。而返回自己祖国的普瓦伊尔发现冥界之王将达费德郡治理得井井有条，也非常佩服——达费德郡不过是个巴掌大的小地方，阿洛恩要是连这么点地方都治理不了那还是别在神界混了。

总之，两人从此成为好友，普瓦伊尔也因此得到“冥界之王”的头衔——

普瓦伊尔是威尔士南部达费德郡的国王，他在狩猎时见到一群白身红耳的猎犬在追赶驯鹿，便赶走了这伙猎犬，放出自己的猎犬去追逐驯鹿。因此得罪了安努恩冥界之王阿洛恩，引发了随后的故事。

普瓦伊尔狩猎时见到一群白身红耳的猎犬在追赶驯鹿

整个事件中唯一的受害者就是阿洛恩的王后，作为不明真相的吃瓜群众，她对“丈夫”莫名其妙冷落自己一年耿耿于怀。

回到人间的普瓦伊尔依旧没改毛躁的脾气，当他听说自己位于阿尔伯尔斯的王宫外面有一圈坐不得的护堤时，非要去坐一下试试看，纵然侍从警告他这么做会招来厄运他也不在乎。

等他来到护堤坐定，就看到一个骑白马的美女向自己徐徐而来。普瓦伊尔立刻吩咐手下去追，奇怪的是这女人看起来行动迟缓，但他的手下却怎么也追不上人家。

第二天，普瓦伊尔又在原地见到那个女人，这次他决定自己出马。他一边追赶一边请求她暂停脚步，没想到美女真的停下脚步告诉他，自己名叫里安农，本是谢菲德·赫恩的女儿，只因不愿意被迫嫁给格沃翁，所以才逃婚来到达费德。里安农讲完自己的来历后直截了当地提出了请求：只请普瓦伊尔陛下与我成婚，从此断了那无赖格沃翁的念想！

普瓦伊尔一听大为惊讶：原来英雄救美还有这种机会，我当然答应，以一年为期，我定然去迎娶你！

两人商量好以后，里安农又骑上白马回去了。普瓦伊尔等一年到期后，高高兴兴地跑到谢菲德·赫恩的王宫去求婚。未来的老丈人已经准备好了盛宴，只等新姑爷来了就开席。正在热闹时，一个男人闯进来请普瓦伊尔帮自己一个忙。大嘴巴的普瓦伊尔正在兴头上，随口许诺说：帮啥忙都行，大兄弟你尽管说！

结果来人直接说请你把里安农赏赐给我吧——原来他就是格沃翁……

为了维护自己的荣誉，普瓦伊尔只好硬着头皮答应了格沃翁的要求。这下把里安农给气炸了，她一边痛骂普瓦伊尔智商余额不足急需充值，一边悄悄递给他一个魔法袋，暗示可以用这个对付格沃翁。

又是一年过去了，另一场婚宴盛大开席，新郎官是志得意满的格沃翁。就在酒过三巡菜过五味的时候，一个老乞丐来到酒席上，祈求格沃翁用食物装满自己的破口袋。这次轮到格沃翁上当了，他和去年的普瓦伊尔一样慷慨许诺——管家，拿些剩菜来打发这位老人家！

怪事出现了，不管拿来多少食物，这老乞丐的破口袋就是装不满！就在大家吃惊之时，老乞丐请在座的人出面帮自己把袋子里的东西踩实，否则袋子永远装不满。格沃翁决定自己上阵去踩，等他走进袋子以后，老乞丐立刻把袋口系上，露出普瓦伊尔的真容来。

随着一声呼哨，大门外面拥进来一帮达费德士兵，大家把口袋当球踢，疼得格沃翁哭爹喊娘直求饶。于是普瓦伊尔宣布说饶恕他的条件是把新娘交出来，并且承诺永不为此事报复。格沃翁不得不就范，普瓦伊尔和里安农终成眷属！

这对夫妇成婚后生下一个儿子，这本是件喜事，谁承想这事却很快变成了巨大的灾难。就在一天夜里，照顾新生儿的保姆发现孩子不见了！谁都知道普瓦伊尔的冲动个性，要是被他知道此事，保不齐会一剑砍翻了保姆。为了保全自己的性命，保姆生出一条毒计：她拿鲜血抹在熟睡的里安农身上，天亮后就跑去普瓦伊尔面前诬陷是里安农吃掉了孩子！

普瓦伊尔的性格缺陷在处理此事时暴露无遗，他不顾妻子的解释，强令可怜的里安农站在城堡门口，向每一个过路人"坦白"自己莫须有的罪过。就这普瓦伊尔还觉得惩罚力度太小，他勒令自己的妻子像匹马一样把每一个到访者驮进城堡里！

就在此时，达费德郡的一个农夫蒂尔农正在为了保护自己的小马驹而犯愁。他家的母马每年五月一日会产下马驹，但每次小马驹都是第二天就不见了。为了解开这个谜团，蒂尔农决定在马棚里待上一夜看看。就在他守夜的时候，一只怪物的魔爪破窗而入，一下就把小马驹抓走了。蒂尔农拔出佩剑将魔爪砍断，只听见屋外一声哀号。他追出去没见到怪物踪影，却看到一个裹在丝绸里的男婴。

蒂尔农和妻子抚养了这个来历不明的孩子。当他听说了王后吃人的传闻，再看看这孩子长得几乎是普瓦伊尔的翻版，便猜出发生了什么。这位勇敢善良的农夫带着孩子来到城堡，向智商不足的国王解释了来龙去脉。

普瓦伊尔当众宣布妻子无罪，并大摆宴席进行庆祝。在酒宴上里安农宣布给孩子取名为普利德里，这个名字的意思是"忧虑"，因为这个孩子

里安农

嫁给普瓦伊尔的里安农，被保姆诬陷，说她吃掉了自己的孩子。普瓦伊尔不顾妻子的解释，强令可怜的里安农站在城堡门口，向每一个过路人“坦白”自己莫须有的罪过。就这普瓦伊尔还觉得惩罚力度太小，他勒令自己的妻子像匹马一样把每一个到访者驮进城堡里！

的归来结束了自己母亲充满忧虑的生活。

二　圣布兰的头颅

《马比诺吉昂》第二支系讲的是巨人圣布兰的故事，布兰的意思是“渡鸦”。在凯尔特传说中，只要渡鸦能安然无恙地待在塔楼里，那么不列颠岛就能万古长存。

布兰的故事从他的妹妹布兰文和爱尔兰国王迈索尔威克的婚礼开始，当时大家正在安格尔西岛上支起帐篷尽情欢宴。就在大家尽情吃喝时，布兰的异母弟弟伊芙尼西恩却开始闹事了。因为他怨恨无人征询他关于妹妹出嫁之事的意见，竟然将妹夫随从的马嘴、马尾、马耳朵和马眼睑都逐一割了下来。

这桩恶行让婚宴不欢而散，迈索尔威克下令召集自己的手下，打算报复。身为大舅哥和不列颠之王，布兰赶紧出面转圜。他赶到妹夫的船上赔不是，许诺给所有的爱尔兰勇士换一批新马，还给妹夫送上足有自己身高那么高的白银权杖和与自己脸盘一样大的金盘子。尽管如此，迈索尔威克还是不满意，布兰只好把威尔士的国宝——能起死回生的神锅也拿了出来。这口锅可以让死者复活，唯一的缺陷是复活者都是哑巴。

事情到这份上了，迈索尔威克才强压怒火接受了礼物，带着妻子返回了爱尔兰。一年之后，布兰文为迈索尔威克生下了儿子格威尔恩。按说这下爱尔兰王应该满意了，没想到心胸狭窄的迈索尔威克一直忘不了伊芙尼西恩对自己的冒犯，就在孩子出生第二年，他竟然把老婆赶到皇家厨房里做苦役进行折磨。

迈索尔威克当然明白自己做的事情见不得人，为了不让大舅哥知道，他下令不许片帆入海驶向不列颠，也严禁不列颠的船只进入爱尔兰。但是人算不如天算，布兰文养了一只欧掠鸟，这只聪明的鸟儿把布兰文的求救信带回了不列颠。

布兰知道妹妹的惨状后勃然大怒，老子把国宝神锅都送给你了，你却让俺妹妹在厨房里天天刷锅？于是他立即准备率军攻打爱尔兰以惩罚自己的妹夫，临行前吩咐六位辅政大臣辅佐自己的儿子卡拉杜克。

在爱尔兰的迈索尔威克发现海平线上出现了异常：他看见海面上出现了森林，森林后面是一座夹在两道河流中间的高山。警觉的爱尔兰王把妻子抓来质问一番，布兰文傲然答道：这是我哥来了！森林就是不列颠的舰队，河流是我哥的眼睛，高山是我哥的鼻子，他块头太大无法坐船，就这么蹚着海水走过来削你了！

迈索尔威克感觉不能和大舅哥正面硬扛，他使出缓兵之计，并赶造出一栋能容纳布兰和全体不列颠将士的大房子，做出招待贵宾的架势。但这位阴险的爱尔兰王暗藏毒计：在房子的每一根柱子上都挂着一个袋子，袋子里藏着一名爱尔兰勇士。他打算在房子里设宴款待布兰，到时候摔杯为号，勇士们就从袋子里杀出来，把他的大舅哥砍成碎片。

布兰登陆以后被引到房子里饮宴，他对迈索尔威克的表现很满意，觉得妹夫知道错了。可上次惹事的伊芙尼西恩却对柱子上的那些大袋子感到不放心，虽然爱尔兰国王谦逊地表示那是为客人准备的面粉，但他还是挨个摸索了一遍。

伊芙尼西恩的触觉很敏锐，他发现每个袋子里都有个像人头一样的东西，于是他不动声色地用拇指和食指将人头捏得粉碎——一共一百个袋子，他一个都没放过。

宴会还在进行，但迈索尔威克神使鬼差地决定放弃自己的计划。为了表示和谈的诚意，他宣布自己要退位，然后传位给儿子格威尔恩。这时伊芙尼西恩表示作为舅舅想抱一抱亲爱的外甥，于是爱尔兰王令侍从将孩子抱来。没想到伊芙尼西恩一接过孩子，就把外甥丢进火堆里去了！

宴会立刻变成了血战，爱尔兰的战士们在混战中占有优势，因为他们战死以后可以通过那口神锅复活。可伊芙尼西恩悄悄藏在死去的爱尔兰勇士的尸体里，因此也被丢进神锅，他在锅里拼命乱踢乱捶，捣毁了神锅，但他的心脏也因为用力过猛而破裂，这位不停闯祸的大爷就此结束了自己的生命。

血战持续了三天，最后布兰一方获得“惨胜”。布兰因为脚中毒箭而死，

为了拯救在爱尔兰受苦的妹妹，布兰率领不列颠战士远征爱尔兰，最终因中毒而死。他临终前命令七名不列颠人将自己的头颅砍下带回去，埋在白山之下。在那里，布兰的头颅将永远守护不列颠，使其免受外族入侵。

布兰

《马比诺吉昂》第二支系讲的是巨人圣布兰的故事，布兰的意思是“渡鸦”。在凯尔特传说中，只要渡鸦能安然无恙地待在塔楼里，那么不列颠岛就能万古长存。

渡鸦

他带来的不列颠战士只有七人幸存，剩下的人包括布兰的弟弟玛纳韦丹和第一支系中普瓦伊尔的儿子普利德里。爱尔兰一方只剩下五名孕妇存活，她们是复兴爱尔兰的希望。布兰文得知两个国家因她而灭亡后，也因为悲伤过度而死。

灾难并不止于此，布兰远征离开以后，野心家卡西维劳篡夺了不列颠王位，他用魔法杀死了全部的辅政大臣，卡拉杜克眼看无力回天，也忧愤而死。

布兰临终前命令七名不列颠人将自己的头颅砍下带回去，还吩咐他们途中可在哈勒赫与瓜利斯岛稍作停留。瓜利斯岛是威尔士版的“另一个世界”，在这个极乐世界中有三扇门，其中只有一扇门是关闭的。布兰预言不列颠战士们将在那里逗留八十年之久，自己的头颅将在那里陪他们唠嗑，给他们解忧。可如果八十年后有人打开那扇关闭的大门的话，所有人都会记起那些被遗忘的痛苦回忆。这时他们就必须赶快回到伦敦，将布兰的头颅埋在白山之下。在那里，布兰的头颅将永远守护不列颠，使其免受外族入侵。

幸存的不列颠人严格遵照国王的命令，他们在瓜利斯岛度过了八十年的无忧时光，期满后果然有人打开了关闭的门，于是所有人在悲伤痛苦中赶赴伦敦，将布兰的头颅埋在白山下——很多人认为白山就是伦敦塔。

布兰的头颅从此埋藏在地下守护着不列颠，后来亚瑟王将这颗头颅挖出，因为在他心目中，只有军队才是不列颠的守护者。

三　达费德的魔力

《马比诺吉昂》第三支系讲的还是威尔士南部达费德郡的故事，只不过这次故事的主角不再是那位智商堪忧的老国王了。

在故事开始时，前国王普瓦伊尔已经去世。从爱尔兰返回即位的普利德里娶了琪格瓦为妻，里安农改嫁给布兰的弟弟、魔法师玛纳韦丹，似乎生活又要继续了。可随着一场浓雾降临达费德，四人发现所有的臣民都消失不见了！

这下可好，王室成为光杆司令，连个烧火做饭的仆人都没了，四人只好暂时靠打猎谋生了。

一天，普利德里和玛纳韦丹追猎一头白色野猪，却来到一座神秘的城堡。玛纳韦丹认为还是不要冒险进去，但普利德里不听劝告，径直进入城堡。城堡喷泉边有个金碗，普利德里伸手一碰就被定住了。玛纳韦丹赶紧回去将此事告诉大家，里安农一听便匆匆赶来救儿子，结果也被困在了城堡里。这时神秘的浓雾再度降临，等雾散天晴后城堡也消失了。

现在只剩下玛纳韦丹和琪格瓦两人了，会打猎的普利德里已经失踪，他俩不得不下田种地谋生。种地固然辛苦，但更可气的是每逢收获前夜，地里的庄稼就会消失得一干二净。玛纳韦丹心下不甘，就在田地边守护，结果发现是一队老鼠把地里的庄稼都给搬走了。暴怒的玛纳韦丹冲出来追赶老鼠，结果只抓到一只怀孕掉队的母鼠。

虽然庄稼还是没保住，但这回魔法师打算为自己讨回公道：他发誓要将可恶的老鼠吊死。就在玛纳韦丹着手制作适合老鼠身材的绞刑架时，忽然冒出来三个男人为老鼠求情。

这三个人分别是学者、神父和主教，尤其是那位主教最是心急，他恳求玛纳韦丹看在他的分上释放老鼠，答应只要老鼠获释他就满足玛纳韦丹的任何要求。

玛纳韦丹也算是见过世面的老江湖了，他打蛇随棍上，提出三个要求：第一，要求立刻送还普利德里和里安农母子；第二，要求解除施加在达费德郡的诅咒；第三，要求说清楚达费德郡为什么会被施以魔法！

事已至此，主教只好如实招来：他叫路德，是里安农以前的未婚夫格沃翁的朋友。当初格沃翁中了普瓦伊尔的诡计，失去妻子又挨揍，虽然他答应不再报复，却心有不甘，于是找来路德对整个达费德郡施展了魔法。那些搬空了玛纳韦丹粮食的老鼠是主教教区的百姓们变的，而那只正要被魔法师送上绞刑架的母鼠正是主教自己身怀六甲的老婆……

主教坦白之后将被魔法搅乱的一切都恢复原状，第三支系的故事也就此结束。

路德主教将自己教区的居民都变作了老鼠

达费德郡的臣民全部失踪，成熟的庄稼也会一夜之间消失不见。玛纳韦丹发现是一队老鼠把地里的庄稼都给搬走了。暴怒的玛纳韦丹冲出来追赶老鼠，结果只抓到一只怀孕掉队的母鼠。

四　持足女的前襟

《马比诺吉昂》第四支系讲的是多恩王朝的神话，这个政权统治着威尔士北部的格温内斯郡。多恩是威尔士神话中的女神，基本是爱尔兰神话中女神达努的威尔士翻版。

多恩女神的哥哥迈斯是格温内斯的国王，他是一位法力无边的魔法师，却有一个非常古怪的弱点——需要持足女的服侍。所谓持足女是宫廷里的一种职务称谓，其实就是负责将国王的臭脚丫子按在自己衣服前襟上的宫廷侍女。因为迈斯有一种奇怪的毛病，那就是不领兵打仗时，必须把双脚搭在一位处女的前襟上，否则他就活不下去。

迈斯的这种怪癖怎么看都像是变态，但因为他是国王，而且他是凯尔特神话里的国王，那么再怎么古怪也不足为奇了，因为神灵创造万物自有他的道理。

虽说迈斯在理论上可以通过领兵打仗来避免麻烦持足女，可这位君王天天待在王宫里养尊处优，至于军国大事这种无聊的东西，全交给了自己两个外甥——格威迪奥恩和吉尔维斯卫打理。

格威迪奥恩是一个法力和舅舅不相上下的魔法师，同时还是一位才华横溢的吟游诗人，更是一位武功高强的战士——按照凯尔特神话的套路，他应该是桃花运缠身绯闻不断的宫廷小鲜肉了。然而在本篇故事中，被爱冲昏头脑的却是他的兄弟吉尔维斯卫。

吉尔维斯卫爱上了宫廷中的一位少女，这位少女就是侍奉他舅舅的持足女歌伊温。凯尔特的传统中并不存在没有肉体关系的纯洁爱情关系，但吉尔维斯卫要与意中人成婚，那么，老舅的性命也就堪忧了。再加上迈斯那双脚是要昼夜不停地放在持足女前襟上的，因此吉尔维斯卫和歌伊温连独处的机会也没有。

了解到兄弟的痛苦之后，格威迪奥恩开始策划要舅舅的脚与歌伊温的前襟分开。当时达费德的国王普利德里养了一群在不列颠岛上独一份的野猪，这是安努恩冥界之王阿洛恩专门送给他的。格威迪奥恩建议由自己和

格温内斯国王迈斯的持足女

迈斯是格温内斯的国王，他是一位法力无边的魔法师，却有一个非常古怪的弱点——需要持足女的服侍。所谓持足女，其实就是负责将国王的双足按在自己衣服前襟上的宫廷侍女。因为迈斯有一种奇怪的毛病，那就是不领兵打仗时，必须把双足搭在一位处女的前襟上，否则他就活不下去。

吉尔维斯卫作为使节去造访友邦，向普利德里请求引进这一神奇的物种。

因为达费德与格温内斯这两个威尔士国家之间关系一向非常友好，两国之间往来密切。所以迈斯认同外甥的建议，就让这兄弟俩带着十名护卫出访达费德。

迈斯是让外甥进行正式的国事访问，但格威迪奥恩等人偏偏扮作吟游诗人混进普利德里的宫廷，用歌声征服了在场的听众。就在大家鼓掌叫好时，格威迪奥恩趁机向普利德里请求赏赐给自己一些野猪。普利德里感到很为难，他解释说阿洛恩赠送这批动物是附有条件的，在野猪的数量繁殖到两倍之前不允许转送他人或者出售。

狡猾的格威迪奥恩指出了冥界之王条件中的一个漏洞：没有禁止将野猪用于交换。他拿出十二匹佩戴金鞍的骏马和十二条系着金项圈的灰色猎狗交换野猪，普利德里一时心动，便同意了交换的要求。于是格威迪奥恩火速驱赶着野猪回国，因为他的那些礼物都是魔法变出来的假货，一天之后就会烟消云散。

果然，还没等格温内斯王国把猪圈盖好，普利德里就率军前来索回财产了——你们这帮混蛋比电信诈骗还可恶呀！

在西方，内政固然可以由大臣辅佐，但打仗一般都讲究君王亲自上阵，这是一种职责，也是一种荣誉，尤其对凯尔特人这种蛮族而言更是如此——你不表现出过人的勇武，谁肯服你呢？

这正是格威迪奥恩的阴险目的：迈斯不得不离开歌伊温领兵出战。就在国王离开王宫的时候，吉尔维斯卫火烧火燎地冲进迈斯的卧室，把歌伊温按在床上给强奸了……

迈斯在战场上稀里糊涂地与普利德里血战一场，付出惨重的伤亡代价后击败了达费德的军队。此后两国之间的关系持续紧张，不时有流血摩擦。最后普利德里要求与罪魁祸首格威迪奥恩决斗，但是在对方强大魔法的威力之下，普利德里最终被格威迪奥恩杀死。

迈斯解决完外敌入侵的问题后返回宫廷，决定对自己的外甥和歌伊温都做出处置。首先歌伊温是无辜的被害者，迈斯以娶她做王后作为补偿。

而对于自己那两个坏种外甥，做舅舅的挥动魔杖将吉尔维斯卫变成雌鹿，将格威迪奥恩变成雄鹿，接着将这一对畜生赶入森林。

一年后这对鹿返回宫廷，它们已经生下了一只小鹿。迈斯又挥动法杖将公鹿变成母猪，将母鹿变成公猪，再度将它们赶入森林。但国王把小鹿留了下来，将它变成一个男孩子，取名为希特胡奥斯。

再过一年这对猪返回宫廷，不出所料还带着一头小猪。这次迈斯将公猪变成母狼，将母猪变成公狼，然后还是赶入森林了事。他照例留下小猪，将其变成叫作希荷杜奥恩的小男孩。

又是一年过去，两大一小三条狼返回宫廷。终于，迈斯觉得自己外甥已经得到足够的教训，于是恢复了他们的原形，小狼崽变成的小男孩被取名为布雷德温。

这番大变活人的魔法表演持续了三年终告结束，迈斯终于有空物色下一位持足女的人选了——说来也怪，老先生这么长时间没有接触到处女前襟也照样活蹦乱跳，更不影响他施展魔法。

重获自由的格威迪奥恩赶紧表现自己的忠心，推荐自己的妹妹阿尔因罗德来担任持足女。迈斯对外甥的诚信表示质疑，但格威迪奥恩拍着胸脯担保妹妹清白无瑕。于是宫廷里举行了一次贞操测试：阿尔因罗德按照要求跨过舅舅的法杖，结果一瞬间她就生出一个满头金发的大胖小子。迈斯一把夺走了孩子，被证明不贞洁的阿尔因罗德撒腿便逃，结果路上又生下了一个男孩，被格威迪奥恩捡走用丝绸襁褓包好。

先出生的金发男孩飞速长大，出生后不久就能自己跑到海中游泳，他觉得在水里比在陆地上更自在，于是被取名为杜兰·叶·唐恩，意思是“大海波浪之子”。尔后出生的那个孩子则命运坎坷，他先被舅舅格威迪奥恩塞进床脚的箱子里，后来又被交给一个宫廷侍女抚养。这孩子也一样长得飞快，两岁时就能进宫觐见舅姥爷迈斯，于是他就在格温内斯的宫廷中长大。

等到这孩子四岁时，格威迪奥恩带他去见阿尔因罗德。没想到阿尔因罗德见到孩子恼羞成怒，因为这是她在宫廷中当众出丑的活证据呀！阿尔因罗德问这孩子叫什么，她的马虎哥哥这才想起来一直没给孩子起名字呢！

格威迪奥恩和吉尔维斯卫

格温内斯国王迈斯将军政大事都交给自己的两个外甥——格威迪奥恩和吉尔维斯卫来打理。而吉尔维斯卫爱上了迈斯的持足女歌伊温。为了达成兄弟的心愿，格威迪奥恩策划了一系列计策。

于是阿尔因罗德就诅咒说除非自己给孩子取名，否则他就一辈子没有名字！

格威迪奥恩对妹妹的表现非常不满，他想连达费德国王普利德里这样的大人物都栽在我手里了，我还收拾不了一个你？于是第二天他用海藻变成一条船，扮作一个补鞋匠乘船来到妹妹的城堡等待机会。

作为一个爱美的女士，阿尔因罗德有不少鞋子需要打理。当她看到修鞋匠的时候，就赶紧到船上来修鞋。就在这时一只鹡鸰飞过来落在船板上，那孩子丢了一块石子将倒霉的鹡鸰砸死了。阿尔因罗德随口夸了一句：这漂亮的孩子手真巧！

没想到船立刻变成了海藻，修鞋匠变回了她的哥哥。格威迪奥恩一把将孩子拉到自己身边说："谢谢你啊，这孩子的名字叫赫利·赫洛·古斐斯（威尔士语，意为'巧手的漂亮男孩'）！"

阿尔因罗德气得跳起来，她对自己的儿子追加了一个诅咒：除非她赐予赫利武器，否则这孩子永远没有防身的东西！

在凯尔特社会里，一个男子没有武器是无法生存的，但这难不倒格威迪奥恩。他带着赫利回家，将他训练成一个战士。接着格威迪奥恩故技重施，又与赫利扮作吟游诗人来到妹妹的城堡表演，赢得满堂喝彩。第二天早上，阿尔因罗德从城堡塔楼上看到海面上开来黑压压一片舰队——这是她哥哥用魔法搞出来的障眼法。恐惧的阿尔因罗德连忙把城堡里的人都武装起来，于是赫利也得到了母亲赐给自己的兵器。

当格威迪奥恩得意扬扬地解除魔法后，阿尔因罗德气急败坏地下了最后一个诅咒：赫利永远无法在人间找到老婆——你就打一辈子光棍去吧！

这条单身狗诅咒威力强大，以至于格威迪奥恩不得不厚着脸皮去向舅舅迈斯求助。舅甥俩联手用橡树花、金雀花和绣线菊变出一个美丽的女孩布罗迪维斯，这名字的意思是"花样的容颜"。迈斯赐给赫利一部分领地，让他可以带着自己并非来自人间的新娘开始新生活。

按说这个神话故事至此可算是有了童话般美好的阶段性结局，但请不要忘记本书讲述的是凯尔特人的神话，在蛮族审美观面前，文青只能掩面狂奔。

布罗迪维斯是个恶毒淫荡的女人，她不爱赫利，很快勾搭上了猎人格罗努。这对威尔士版的西门庆与潘金莲为了长相厮守，打算做掉武大郎赫利。但赫利毕竟是由处女所生的不平凡人物，要想杀死他需要很多苛刻条件。这些条件包括：时间必须是周日大家做弥撒时、武器必须是长矛、场所必须既不是空地也不是房屋中、赫利当时必须半裸而且必须一脚踩着大地一脚踏进水里。在其他故事版本中，还有赫利一脚踩着地一脚跨在马背或者是公羊背上等等。总之，布罗迪维斯从自己的丈夫口中打探到了所有条件，而赫利被奸夫格罗努用长矛袭击时，不过是正要跨进一个茅草棚中的澡盆罢了……

垂死的赫利被凶手丢进荒野后变成鹰飞走了，他的舅舅格威迪奥恩则很快获悉此事并开始了复仇。

格威迪奥恩的复仇计划大有姑苏慕容以其人之道还治其人之身的味道，他跟踪布罗迪维斯和格罗努，以与赫利被刺时相同的时间地点和方式杀死了格罗努——在有些故事版本中，是赫利被格威迪奥恩所救后又以同样的方式杀死了格罗努。

布罗迪维斯带着侍女们逃进深山，结果在不断回头观察追兵动静时坠河，除了她以外其他人都被淹死。等这个恶毒的女人爬上岸，格威迪奥恩的魔法报复随之而来。就像当初迈斯整治格威迪奥恩一样，格威迪奥恩将布罗迪维斯变成了一只猫头鹰。根据威尔士神话，正因为如此猫头鹰才被其他所有鸟类所厌恶，只能在夜里独自行动。

复仇之后的格威迪奥恩走遍整个威尔士寻找赫利。一天，他在一座农舍落脚时，听到主人说自己的母猪每天早上就出去晚上才回来。第二天，格威迪奥恩跟踪母猪来到一棵树下，发现这头猪正在大口吃着地上生蛆的腐肉。他抬起头时，发现树顶上站着一只鹰，每当鹰舒展翅膀时，腐肉就如雨点般掉落。

格威迪奥恩坚信那只鹰就是自己苦苦寻找的外甥，他开始对着鹰唱歌。鹰果然做出了回应，它落到位于大树中央的枝条上。格威迪奥恩又唱了一

赫利与布罗迪维斯

赫利是格威迪奥恩的妹妹阿尔因罗德以处女之身生下的孩子，从一出生起就受到母亲的诅咒，是舅舅格威迪奥恩一直保护着他。赫利长大后，因受母亲诅咒，无法娶妻。格威迪奥恩与舅舅迈斯联手，用橡树花、金雀花和绣线菊变出一个美丽的女孩布罗迪维斯作为赫利的妻子。布罗迪维斯的意思是“花样的容颜”。但布罗迪维斯因爱上了猎人格罗努而害死了赫利，最后被格威迪奥恩的魔法变成了猫头鹰。因此，在威尔士，猫头鹰才被其他所有鸟类所厌恶，只能在夜里独自行动。

首歌，鹰落在距离地面最近的枝条上。当他唱完第三首歌时，鹰落在他的膝头——就像当初那个孩子在他膝上嬉戏一样。

于是格威迪奥恩满含热泪地挥动魔杖，将赫利变回人的模样……

五　库尔威奇逸事

现在我们来讲述威尔士最“伟大”英雄的故事，他也是《马比诺吉昂》中的人物，但这个角色在载入此书前很多个世纪就已经成型了。他的故事被认为可能是凯尔特神话中保留下来的最古老最另类的传说，他就是皇家勇士库尔威奇。

库尔威奇这个名字的意思是“小猪快跑”，听起来有点蠢萌的感觉，不过在这个名字的背后是一个心酸的故事：赛利得王的王后葛莉赛斯在怀孕时疯了，竟然把自己的儿子生在了猪圈里面。猪倌发现此事后赶忙把小王子送回王宫，于是这孩子就有了这么一个名字。

不久王后就死了，这可怜的女人在临终前忽然意识清醒，她请求丈夫在自己的坟墓长出荆棘前不要再娶。凯尔特人很讲究守信用的，所以国王在王后去世后每天都去亡妻墓前探望——不长出荆棘来他没法再娶呀！

说来也怪，一连七年王后的坟墓上竟然寸草不生，急得赛利得王百爪挠心却无可奈何。其实这件事倒没有什么神话色彩，真相只有一个，那就是葛莉赛斯吩咐过自己的一个仆人，让他每天都去把自己坟头上长出的荆棘连根拔掉……

时间长了，仆人难免懈怠，终于被赛利得王发现了荆棘，于是国王顺理成章地再婚了。

赛利得王择偶的口味与众不同，他新娶的王后是位寡妇，其前夫还是被赛利得杀掉的。新王后不是一个人来的，她还带来了自己的女儿。照一般人看起来，赛利得王有儿子，新王后有女儿，正好来个亲上加亲——新王后心里也是这么想的，没想到库尔威奇这小子不识抬举，他以自己还年轻为由推脱了。

新王后一怒之下便对库尔威奇说，除了巨人之王亚斯巴达登的女儿奥

库尔威奇的母亲赛利得王后葛莉赛斯把儿子生在了猪圈里面，库尔威奇因此得名——“小猪快跑”。

初出茅庐的少年库尔威奇，为了成就自己的洗剪吹爱情梦而抵达亚瑟王的豪宅。

少年库尔威奇

尔温之外，谁都配不上你。说来也怪，库尔威奇一听到奥尔温这个名字就动心了，他央求父亲帮助自己，但赛利得王说："那你去找亚瑟王帮忙吧，他是你的表亲，他会帮你剪个时髦的发型，然后把那姑娘抢过来送给你。"

《马比诺吉昂》中的亚瑟王与后来亚瑟传奇里的亚瑟王有关系，却不能直接画等号。在威尔士神话中出现的亚瑟王形象更为原始——他是凯尔特神话中的贵族骑士，不是那位中世纪的英雄骑士王。

库尔威奇收拾打扮一番后就去找亚瑟王了，因为他听说亚瑟王的宅邸非常奢华，为了不让人家看扁自己，他也准备了一身盛装：金靴紫袍，锦衣白马，左右各跑着一条猎犬。他肩扛双枪，手持金剑，还带着镶有象牙的盾牌和号称能划破长空的战斧——既像是出门炫富的官二代，又像是耍把式卖艺的马戏演员。

等到了亚瑟王门前时，看门人却看不起这个乡下小国来的土鳖，不放他进去!

库尔威奇大怒，威胁说，如果不放他进去，他就大吼三声，他的吼声一定会传遍康沃尔，传到苏格兰和爱尔兰。怀孕的女人听见会流产，没怀孕的会终身不育！这华丽的威胁把看门大爷镇住了，于是库尔威奇大大咧咧骑马走进了亚瑟王的宅邸。

库尔威奇这一进去，竟然直接催马登堂入室，抵达宴客的餐桌前。按说这一举动相当无礼，但亚瑟王却热情地请他坐下。听库尔威奇表明身份和说明来意以后，亚瑟王二话不说就转职成专业洗剪吹，为库尔威奇剃好了杀马特发型，接着大家便浩浩荡荡出发去寻找奥尔温公主了。

这一走就是一年时间，虽然亚瑟王带着他的骑士们四处探寻，可一点儿线索都没有找到。库尔威奇失去了耐心，不时嚷嚷着要让不能实现诺言的亚瑟王名誉扫地。亚瑟王的骑士们安抚住这位毛躁的青年，继续冒险旅程。

终于有一天，他们在地平线上见到一座城堡，可连着跑了好多天，也没接近目标多少。这时一个牧羊巨人库斯坦因向亚瑟王一行发出了警告，他说所有向巨人之王提亲的人都被杀死了，因为曾有预言说奥尔温出嫁之日就是她父亲的死期。他还补充介绍说自己就是亚斯巴达登的兄弟，可就连他的孩子们也被亚斯巴达登杀了不少，只留下一根独苗戈芜蒂。

好客的库斯坦因将骑士们领进自己家歇脚，在这里库尔威奇惊讶地发现库斯坦因的妻子竟然是自己的姨妈！姨妈听说库尔威奇的心愿后表示自己可以帮忙，因为奥尔温每周六都会找她帮忙洗头，而明天就是周六了！

于是，在命运的安排下，这对年轻人碰面了。

既然见到了自己的心上人，那么库尔威奇更鼓足了劲去向未来的老岳父提亲。但是亚斯巴达登的反应是拒绝，并在他们身后投掷长矛进行暗算。亚瑟王手下的骑士个个都是英雄，每一次都将长矛接住丢回去，最后弄得一身伤的还是亚斯巴达登自己。

巨人之王眼看是没法暗算提亲者了，于是就随口胡诌了四十个看起来完全无法实现的条件。其中最艰巨最不可能完成的任务是为亚斯巴达登找来出席婚礼前梳洗用的剪刀、剃须刀和梳子——这个故事始终与美容美发业有着谜之关联。

亚斯巴达登的梳洗工具被放在巨型野猪托尔克·托尔韦斯的鬃毛上，这头野猪本来是一位国王，因为恶贯满盈而被神灵惩罚变作了野猪。在亚瑟王一行开始对这只巨兽展开追捕之前，它的七只幼崽已经将爱尔兰祸害得不成样子，目前它们正向威尔士迁徙而来。在与野猪一家的搏斗中，很多英勇的骑士献出了自己的生命。但最后骑士们还是杀死了所有的野猪幼崽，将托尔克·托尔韦斯逼到康沃尔的一条河边，在那里展开了一场决战。最终在狩猎之神化身的猎人梅本的协助下，亚瑟王成功地夺取了野猪头上的洗剪吹工具，托尔克·托尔韦斯逃进大海，再也不见踪影。

当四十个条件全部满足后，大家凯旋亚斯巴达登的城堡准备婚礼。库尔威奇目不转睛地看着自己的老丈人梳洗完毕，然后提出迎娶奥尔温的要求。巨人之王以极其恶劣的态度说道：“我同意——你不用对我感恩戴德，要感谢就去感谢亚瑟王吧，是他把我的女儿送给你的，而我自己是永远不会把女儿嫁给你的！”

说完这位巨人又宣布自己死期到来，没想到，一语成谶——亚斯巴达登的侄儿戈芜蒂趁他心灰意冷之时将他掳走，并在城堡外砍掉了这个邪恶

巨型野猪托尔克·托尔韦斯是威尔士神话中破坏力最强的怪物，它本来是一位国王，因为恶贯满盈而被神灵惩罚变作了野猪。

巨型野猪托尔克·托尔韦斯

为了帮助库尔威奇向巨人之王亚斯巴达登求娶其女奥尔温，亚瑟王和狩猎之神化身的猎人梅本杀死了巨型野猪托尔克·托尔韦斯的 7 只幼崽，并将托尔韦斯逐入大海。

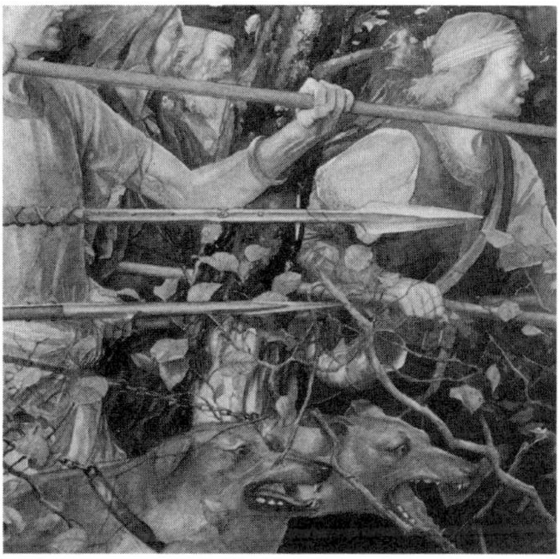

正在追捕巨型野猪的亚瑟王与梅本

巨人的头颅。

当天晚上，库尔威奇和奥尔温举行了隆重的婚礼，他们幸福地度过了余生。而亚瑟王的骑士们也解散各回各家，故事至此圆满结束——你也许注意到在整个过程中，男女主人公其实没多少戏份，绝大部分故事都是在描述亚瑟王的冒险传奇。

虽然亚瑟王只在《马比诺吉昂》中几个内容明显有残缺的故事里出现，但这些威尔士的神话已经开启了未来一段辉煌传说的滥觞，那就是中世纪骑士文化的巅峰——亚瑟传奇的故事。

第三章
永恒的亚瑟王

在英伦旧都温彻斯特城的王宫大厅里有一处著名景点——“圆桌会议大礼堂”，游客慕名而去，却只能见到空荡荡的古堡大厅墙上如旗帜般挂着一面大圆桌面。

这圆桌面上方是一位扑克牌头像般的持剑王者，中心的百合花图案向周边放射出绿白相间的二十四块条纹，每块条纹上都用花体字写着一串天书般的名字。

看到这里，吃货脑海中恐怕浮现出食堂饭桌，赌徒则会想起赌场里的俄罗斯轮盘，小朋友也忍不住想掷出飞镖——这东西明明是个飞镖靶子嘛！

如果真有哪家的熊孩子控制不住自己，手一哆嗦甩出什么东西来的话，估计会难以收场了。因为这可是骑士文化圣物、英伦国宝大圆桌！

要知道英国不像希腊、意大利那样遍地都是几千年前的古代遗迹，所以这面大圆桌是英格兰民族自尊心和自信心的坚强后盾。

传说中的亚瑟王生活在公元5世纪或6世纪，那么这面圆桌至少也有一千五百年左右的历史。虽说比不上雅典卫城和大斗兽场之类，但也算说

亚瑟王的大圆桌被挂在英国温彻斯特城的王宫大厅的墙上，它是骑士文化的圣物、英伦的国宝。

大圆桌

中世纪版画，圆桌会议

圆桌骑士是围绕在亚瑟王旗帜之下的著名武装团体，从某种意义上来说非常像是凯尔特版的水泊梁山一百单八条好汉。在古老的传说中，如今悬挂在温彻斯特城王宫大厅里的那面大圆桌不仅是亚瑟王妻子格温娜维尔的嫁妆，更是一百五十名欧洲各地的豪杰们围坐议事的办公桌。

得过去了。

在漫长岁月里，英国人坚信这是亚瑟王和他的圆桌骑士们留下的珍贵文物。直到现代碳 14 鉴定技术宣布了残酷的真相：这面桌子最多只有五百挂零的岁数。

这下可好，老寿星变成了小鲜肉，搁谁脸上也挂不住。

但千万别小瞧了英国人，日不落帝国后裔的心理素质不是盖的，虽然年轻了一千岁，但毕竟也算是文物不是？就好像段子里说的那样，我这文物虽然不是西周的，但也不是上周的嘛！

于是大圆桌还是堂而皇之地挂在温彻斯特王宫的大厅里，继续向每一位访客讲述亚瑟王的故事。

顺便说一下，大圆桌上的亚瑟王虽然很像扑克牌，但现代扑克牌上并没有他。反而是他的首席圆桌骑士兰斯洛特出现在梅花 J 的图案上，以一个手持长枪的小白脸形象傲视天下扑克玩家。

亚瑟王这个形象于公元 11 世纪开始出现，他最初是一个凯尔特神话中的英雄，领导着手下一群骑士在英伦三岛打来打去，大体上类似关云长或是好汉秦琼。这一时期的亚瑟并不是王者，只是一个军事集团的首领。

在充斥着君臣之间信任与背叛、王国之间战争与和平、夫妻之间忠诚与通奸的中世纪初期的编年史和传奇故事中，亚瑟这个形象脱颖而出，并随着一系列英格兰神话故事四处传播。

亚瑟王的故事满足了人们对骑士制度的想象和崇拜，在日渐丰满的神话中，他成为拥有贵族血统的王者，手下一群出身高贵的骑士也成为勇敢战士的典范。由于传说中亚瑟王为正义而战，显然也成为牧师布道时合适的宣讲材料。在中世纪的教堂活动中，牧师更愿意讲亚瑟王的故事，显然圆桌骑士那些经久不衰的传奇远比枯燥的圣经故事更适宜于和信徒分享，也更能抓住听众的心。

亚瑟王成功的因素很多，最重要的是他不是一个人在战斗。无论是他的追随者、他的协助者、他的爱人，乃至于他的敌人，都个个活灵活现、独具特色。这些人并不是刻板如扑克牌般的单薄形象，他们彼此融合、万千纠结，用圆桌骑士、仙女法师、美艳情人等元素拼出一幕中世纪风格的英雄传奇。

于是亚瑟王的故事风靡整个西方世界，从凯尔特神话演变为国际化的骑士传奇。在漫长的演变中，亚瑟王传说中那些非基督教的凯尔特价值观逐渐服从了基督教教义的要求。

当凯尔特民族后裔和其他欧洲人民在面对中世纪那漫长黑暗的战乱、文艺与饥荒折磨时，亚瑟王传说中以宫廷风流韵事和圣杯传说交织而成的故事是一剂珍贵的精神安慰剂。

虽然故事中的凡夫俗子在基督教会认可的完美心灵标准面前一败再败，但亚瑟王和他的圆桌骑士所追求的那个和平正义的世界，以及他们为之付出的不懈努力，都令一代代听众心向往之。

亚瑟王不仅是凯尔特神话的硕果，也是欧洲骑士文化的开端之一。

第一节　关于亚瑟王的一切

1519 年，神圣罗马帝国皇帝及奥地利大公马克西米利安一世去世。这位一生追求浪漫主义的君王被称为“最后的骑士”，他将自己的陵园修建成一座布满雕塑作品的艺术馆。按照皇帝的遗愿，他应该与历史上那些伟大的君王并肩而立，所以从恺撒到亚历山大大帝都静静屹立在皇帝的陵园之中。

在这些历史上的伟大君王中，自然而然地有英格兰之王亚瑟，没有任何人质疑过亚瑟王出现在这里的合理性。为了增加这个人物的真实性，设计者丢勒还专门为亚瑟的盾牌上加上了当时英格兰王室的金鸢尾花纹章，虽然这纹章的历史比亚瑟王的传说晚了快一千年……

亚瑟・潘德拉贡是神话中的凯尔特民族最具有传奇色彩的伟大国王，这位被称为“永恒之王”的传奇人物，其生平基本来自凯尔特神话传说和中世纪的野史文献。虽然关于他和他的圆桌骑士的故事流芳千古，但其历史真相还是很耐人寻味的。

正如马克西米利安一世一样，历史上坚信真实存在过一位亚瑟王的名人并不在少数。虽然从 11 世纪以来就不断有狂热粉丝前赴后继地试图找出亚瑟王真实存在的证据，但遗憾的是，正如前文所述，在英国本土所展示的亚瑟王古迹基本都是“上周”的。

下面我们即将回顾一番凯尔特神话传说中的亚瑟王故事，亚瑟的故事在一千余年的流传过程中衍生出无数的版本，我们选择最大众化的进行讲述。

同样在亚瑟的故事中会出现许许多多位国王，让人觉得简直是在读一部古代版的世界大战编年史。为了不让读者被彻底搞晕，就让我们先做一个比较煞风景的提示：在亚瑟所生的时代，谁拥有一大块土地，谁即可被称为王。

在这一大群的某某王中，凯尔特神话以英格兰全境之王之类的头衔来特别说明王位的等级。相较而言，也就是说，看起来很风光的某某王，其实不过是一位市长甚至是镇长而已……

一　凯尔特人的亚瑟王

按照凯尔特的神话传说所述，英格兰之王亚瑟出生于卡美洛城，这座城市从不受邪恶魔法的侵犯，城中的王宫廷塔杰尔城堡更是固若金汤。

卡美洛的意思是“上帝眷顾的众生平等之地”，是一个没有国界限制、没有阶级压迫的完美世界。它的原型到底在哪里无法确定，只是凯尔特神话坚持认为这是一个真实存在之地。法国民间传说曾认为卡美洛是英格兰南部某地，还有些中世纪学者倾向认为卡美洛就是圣城耶路撒冷。

亚瑟父母的结合，在神话中主要有两个版本。

其一是说英格兰的国王尤瑟·潘德拉贡英明神武，在他兄终弟及登上王位的前夜，大魔法师梅林现身在他面前，做出了一番预言：

“爵爷，你的兄长刚刚去世，你必须前往廷塔杰尔城堡登上王位。

“一位好国王，在敌人大举入侵时，决不能临阵脱逃。你将会战胜敌人，但必须不惜自己的生命。

“请你注视这颗星星，看它预示了什么?

“你看到的从龙口里吐出来的火焰预示着你要添一个儿子，日后他将成为我们国家最著名的国王，在他的治理下，我们的王国将会更加强盛!”为了纪念这次谈话，尤瑟决定以龙作为自己的标志，因此后来人们就称他为“龙头王”。成为国王之后的尤瑟公正而严明地治理着国家，但他并不是一个太平天子，在英格兰群岛上还有一位怀着不臣之心的康沃尔亲王丁塔吉尔公爵在进行反叛。

经过一番较量后，尤瑟处决了公爵，并娶了公爵留下的寡妇伊格赖因为妻。伊格赖因辅佐着自己的二婚丈夫，两人生下的长子便是亚瑟王。

亚瑟刚出生的时候，梅林忽然拜访廷塔杰尔城堡。他向尤瑟提出当初现身启示的报酬：由自己抚养小王子长大。于是国王夫妇愉快地接受了大魔法师的请求，微笑着看着梅林带走了自己的儿子。

第二个版本的故事内容就比较不堪了……

一开始也是说国王尤瑟·潘德拉贡英明神武，但有一位大领主康沃尔亲王丁塔吉尔公爵不承认他的王位而兴兵作乱。两人之间经常发生武装冲突，最后事态发展到尤瑟发兵包围了丁塔吉尔公爵的城堡。

尤瑟是位贤明的君主，一开始还不想把事情做绝，所以打算与公爵进行和平谈判。没想到进行谈判时他一见到金发碧眼的丁塔吉尔公爵夫人伊格赖因，立刻陷入单相思的情网。

虽然他百般试探，但伊格赖因始终对他嗤之以鼻。就在尤瑟抓耳挠腮之际，一位神秘的大魔法师梅林出现了。梅林许诺可以帮助尤瑟得到伊格赖因，条件是要让自己抚养尤瑟与伊格赖因的儿子长大成人。

色迷心窍的尤瑟答应了梅林，于是他先引诱丁塔吉尔公爵出城作战，又在魔法的作用下变成公爵的模样潜入城堡，顺利地与伊格赖因春宵一度。

就在这一夜，丁塔吉尔公爵死于乱军之中。于是尤瑟王在平定国内的同时顺便也将怀有身孕的伊格赖因娶回家做了王后。

亚瑟出生之后，梅林如约而至要带走孩子。尤瑟王履行了承诺，从此襁褓中的亚瑟离开廷塔杰尔城堡，随着梅林消失在远方。

这两个版本的故事内容在对尤瑟国王的形象塑造上存在差异，但都指出了亚瑟王的父母血脉。除此之外还有很多其他版本的传说，例如宣称伊格赖因未嫁时便与尤瑟私通珠胎暗结，嫁给丁塔吉尔公爵之子后把私生子亚瑟交由梅林送往民间抚养云云，本书略过不提。

虽然尤瑟在娶妻生子方面做得比较另类，但他临终时的宣言却很有王者气概。就在梅林将亚瑟带走交给骑士艾克特抚养后不久，尤瑟便因病去世了。在他去世前，梅林再度出现，询问是否让亚瑟继承王位。

尤瑟光明磊落掷地有声地说：“在我死后，他应该正大光明，而又受人爱戴地取得王位。”

尤瑟的遗命看似严苛，其实饱含了父亲对儿子的关爱保护之情。卡美洛城虽然有着上帝眷顾之地的美誉，英格兰的贵族却奉行着弱肉强食的丛林法则。年幼的亚瑟虽然暂时无法达到父亲的继位要求，却也逃开了被觊觎王权者谋害的危险。

尤瑟去世后英格兰陷入权力真空之中，岛上的大小某某王各自割据一方。

十二年过去了，亚瑟在养父、骑士艾克特家中茁壮成长，并成为一名骑士随从。他从母亲那里继承了美丽的金发碧眼和动听的嗓音，这个清秀少年显然能够轻易获得少女的垂青。

亚瑟恪守骑士精神，善良、正直、仁爱、忠诚、有礼，虽然当时贵族青年必须年满二十一岁才能受封为骑士，但少年亚瑟已经充分表现出自己策划计谋和制定作战方案的战士本能，并不亚于任何一位有名望的骑士。

英格兰的形势已经到了纷乱不堪的地步，毕竟群龙无首的状况会滋生许许多多的野心家，那些有头有脸的某某王们都在盘算也许到了给自己加上“英格兰全境之王”称号的时候了。

就在此时，石中剑出现了。

一个圣诞节前夜，正当教堂中的人们参加弥撒时，一把宝剑从天而降，插在教堂墓园的一块四方石头上。剑身刻着一行铭文：拔出此石中剑者，即为英格兰全境之王。

这时候大法师梅林忽然出现在英格兰大主教面前，他建议大主教召集所有的贵族骑士，让大家都去试试谁能拔出这把石中剑来。

既有上帝显圣又有大法师和大主教背书，这种好事岂能错过？于是在场的人们纷纷兴高采烈地去一试身手，结果使出吃奶的劲来也没有一个人能将其拔出。

无奈之下，大主教命人选出十位德高望重的骑士看守此剑。然后大伙商议该怎么办。大伙嘟囔来嘟囔去，最后这帮武夫达成了一致意见：既然谁也拔不出来，那干脆看谁拳头大吧——咱来个比武选王！

新年伊始，全英格兰的骑士像赶集一样拥来。其中就有骑士艾克特的儿子凯，以及他的随从亚瑟。凯是位缺乏经验的年轻骑士，显然他来到这里更多的是为了体现“重在参与”的精神。

当凯带着亚瑟进入比武会场后才发现了一个战术性的小问题：别人都在检查坐骑和武器，而他俩只能检查坐骑——出门时太迷糊了，把比武用的剑给忘在家里了！

这下凯可慌了，因为一个骑士空手上阵会成为整个英格兰的笑话。于是亚瑟奉命火速骑马赶回家里取剑，可这位快递员却遇到了把门的铁将军，原来全家人都跑去看比武了，连个看门的都没有剩下！

眼看比武时辰已到，亚瑟情急之下跑到教堂的墓园，打算试试能不能把石中剑拔下来拿给凯用。正好守护石中剑的骑士都跑去参加比武了，周围一个人都没有。于是他就来到那石块前，大咧咧拔出石中剑拿去交给了凯——“您的快递出现延误，暂时用这个替代品凑合一下如何？”

这下比武也不用搞了，大家在震惊之余把剑插回石头里反复尝试，结果除亚瑟之外无人能将其拔出。没人知道这毛头小子是尤瑟王的孩子，所以颇有些贵族骑士心有不甘。但这时梅林及时出现并当众披露亚瑟的身世，于是大家不得不呼啦啦跪倒一片向新国王亚瑟宣誓效忠。

要说这不是梅林用魔法在搞鬼，简直是侮辱读者们的智商。但不管怎样，

亚瑟拔出石中剑

一个圣诞节前夜，正当教堂中的人们参加弥撒时，一把宝剑从天而降，插在教堂墓园的一块四方石头上。剑身刻着一行铭文：拔出此石中剑者，即为英格兰全境之王。亚瑟拔出了石中剑，在大法师梅林的帮助下，他一跃成为英格兰全境之王。

乌鸦变成了凤凰，少年骑士随从亚瑟一跃成为英格兰全境之王。

亚瑟在执政初期过得比较艰辛，大贵族心里对这位“Duang”的一下凭空蹦出来的新国王是拒绝的。他们迟迟不肯表态支持国王，甚至不承认国王。但底层百姓是很信石中剑这一套把戏的，大伙觉得既然上帝在教堂里天赋神权于亚瑟王，那么他必定就是英格兰全境之王，还会是整个不列颠之王。

但年轻的亚瑟王在伟大的人生导师梅林的教导下，以种种令百姓喜闻乐见的手段树立起自己的英雄形象，并招揽了一批效忠于自己的年轻骑士。于是很快，亚瑟王就建立起了一个繁盛的王国，英格兰迎来了空前的统一和强大。

话虽这么说，但年轻的亚瑟王还是闯过不少祸。从某种意义上来说，这位金发少年也是一个戴王冠的熊孩子。就拿石中剑来说，这把将亚瑟王送上王位的宝剑就毁在他自己手中。

骑士之间讲究比武，而且不通报姓名的匿名比武是很有逼格的行为。在比武前大伙要说好用啥武器，不能由着性子乱来坏了规矩。

亚瑟王有一次铆上了伯林诺王，当时伯林诺王反复申明不用剑只用长枪。结果前两次二人平分秋色，第三回合亚瑟王被挑落马下。尽管伯林诺王一再强调他不愿比试剑法，不肯服输的亚瑟王还是恼羞成怒地拔出佩剑，结果在搏斗中，神圣的石中剑被伯林诺王一剑劈成了废铁。

伯林诺王得知他的对手是亚瑟王时大为惊慌，他担心事后遭到报复，便打算杀了这位国王以绝后患，幸亏万能的梅林出面用魔法救出了亚瑟。亚瑟很纳闷自己那把神剑怎么会被损坏，结果梅林一本正经地教训他：你破坏了骑士精神，还指望上帝的神剑能帮你么？

剑对于骑士尤为重要，更别说这位骑士还是国王。按说亚瑟王找把新剑是很容易的，但英雄人物岂能佩带凡夫俗子的武器？于是梅林带着亚瑟王来到圣湖湖畔，湖中仙女手握一柄宝剑赠予亚瑟王，这把宝剑是在精灵国度阿瓦隆打造的，并因其锋利无比削铁如泥，所以在凯尔特语中被称为“断钢”，俗称“湖中剑”。

在湖畔，梅林问亚瑟王：“你喜欢剑身还是剑鞘？”

亚瑟王答道：“剑身，因为它无比锋利。”

梅林说：“你要知道，剑鞘的价值是剑身的十倍。佩带王者之剑的剑鞘者将永不流血，因此要保护好剑鞘，随身携带。”

吸取教训后的亚瑟王娶了貌美无双的格温娜维尔做王后，这是他帮助苏格兰抵御爱尔兰入侵而得到的报答。除了新娘子之外，亚瑟王还从自己的岳父那里得到了一张作为礼物的大圆桌。亚瑟王和他的骑士们围坐在这张大圆桌旁商议要事，处理国政。虽然他们也会因为政见相合或相左而形成一些派系，但在圆桌上每个人都可以自由发言，这里没有地位差异和君臣之别。

这就是温彻斯特城那面不太可靠的大圆桌之来历，亚瑟王传说中的许多骑士都是圆桌骑士团的成员。在这张富有传奇色彩的圆桌上发生了许许多多的传奇故事，其中就包括寻找圣杯。

亚瑟王和他的圆桌骑士们共打天下共治天下，当时的不列颠群岛先是被罗马帝国奴役，后又面临着撒克逊人的大举入侵。亚瑟王和圆桌骑士率领人民奋起反抗，通过十二次战役将撒克逊人驱逐出不列颠群岛，最终在巴顿山之役一举击溃敌军，亚瑟王手刃敌军九百六十人之多，从此整个不列颠得到了一段弥足珍贵的和平时期。

亚瑟王统治下的黄金时期开始了，此时的亚瑟王已经是一个沉稳的成年人了。随着时间的推移，亚瑟王的领土在不断扩大，他甚至挺进欧洲内陆，击败了罗马帝国皇帝卢修斯。之后，亚瑟王的兴趣开始转移到寻找传说中的宝藏上。他手下的骑士们或出于受命或出于自愿，相继离开都城卡美洛去寻找传说中的圣杯，这些人大都有去无回。就这样，圆桌上的骑士越来越少，强大的帝国开始走下坡路。

亚瑟王无视这潜在的危机，他在完成安邦定国的使命后很少参与战事，偶有出征任务都交给自己手下的加韦和兰斯洛特这两位英雄骑士。和平时期的亚瑟王频频出席并主持境内的节日庆典和比武大会，俨然已是一位太平天子的模样。整个不列颠的天是晴朗的天，凯尔特的人民好喜欢。但是

亚瑟王与妻子格温娜维尔

亚瑟王与妻子格温娜维尔及兰斯洛特的爱恨情仇，是整个亚瑟王传说中最引人注目的桥段。

当外敌肃清平静祥和之时，亚瑟的宫廷内部却酝酿着危机。

亚瑟王刀枪入库马放南山的日子没过多久，盘踞在苏格兰奥克尼群岛的路特王开始蠢蠢欲动了。这位路特王是个曾设计降服了两条龙的狠角色，身上有北欧海盗的血统，自然天生反骨不是善茬。他联络了十二路反王一起发难，打算把亚瑟王拉下宝座。

亚瑟王联合两位英勇善战的国王出兵镇压叛乱，这两位分别是班王和伯林诺王，他俩各有一个儿子在亚瑟王的圆桌骑士团效力，那就是战无不胜的兰斯洛特和曾寻找圣杯的薄希华。

眼见得十二路反王被镇压了十一路，独木难支的路特王赶紧派遣自己的王后摩根去卡美洛城觐见亚瑟表示臣服。这位摩根的身世在不同的凯尔特文化分支中差异巨大，以法国中世纪传说为蓝本的话，那么她是来自阿瓦隆岛的仙女，生得十分秀丽，同时还是丁塔吉尔公爵与伊格赖因的女儿，也就是亚瑟王的同母异父姐姐，但亚瑟王本人并不知道这一点。

法国民间传说认为摩根是个邪恶的仙女，为了诱惑亚瑟并毁灭他的王国，她用法术将自己变成格温娜维尔，在与亚瑟共度春宵后带着腹中亚瑟的骨肉离开。

不过也有其他的凯尔特传说认为亚瑟被摩根的美貌诱惑，出轨与摩根有了苟且之事。他们之间没有血缘关系，也并没有什么易容诱惑之事。

总之，亚瑟王与摩根发生了关系，并让摩根怀上了自己的骨肉，最重要的是这事情被格温娜维尔发现了！格温娜维尔为了报复亚瑟王，也为了心中早就隐藏的对兰斯洛特的情愫，索性也接受了兰斯洛特的追求。

当梅林察觉摩根与亚瑟的不伦之恋时，摩根早已返回了奥克尼。梅林预言摩根腹中的私生子必将毁灭亚瑟王朝，亚瑟王大为懊悔。为了消除隐患，他甚至下令将整个不列颠的新生男婴都放在木船上令其随波漂走。木船触礁沉没后淹死了绝大部分孩子，唯有一个男孩躺在一块船板上漂回岸边。亚瑟王认为这是上帝的旨意，便将这个叫作莫德雷德的孩子带回身边养育。这个孩子正是他和摩根的私生子，莫德雷德长大后还加入了圆桌骑士团。

另一方面，在摩根的策划下，亚瑟王终于发现自己手下排位第一的骑士居然与自己的老婆有染！兰斯洛特为了拯救情人而与圆桌骑士团的兄弟们互相残杀，后来又带着格温娜维尔逃往法国，建立了自己的王国对抗亚瑟王。

咽不下这口气的亚瑟王愤而御驾亲征，捉拿兰斯洛特与格温娜维尔，就在他离开不列颠后莫德雷德立刻发动叛乱篡夺王位。亚瑟王匆匆返回英格兰，在卡姆兰河谷中与自己的儿子大战一场。这场战斗被称为“基督的土地上最悲惨的战役”，亚瑟王“把昔日臣服于己的骑士们一个一个地砍倒，让铁蹄践踏在曾经全力守护的国土之上”。

这场战役造成十万人死亡，圆桌骑士团全军覆灭。由于摩根事先唆使叛徒盗走了保护亚瑟王的湖中剑的剑鞘，所以亚瑟彻底变成了肉体凡胎。他在杀死莫德雷德的同时，也被对方刺中要害。

弥留之际，亚瑟王吩咐守在自己身边的最后一个幸存的骑士贝德维尔将湖中剑还给了湖神。贝德维尔知道舍弃王者之剑即表示王将逝去，他两次去到湖边都未能下定决心，但亚瑟王坚持要求他归还神剑。于是贝德维尔第三次走到湖边，将王者之剑投向湖心，湖中仙女接住剑柄将其带入湖底。

贝德维尔回报所见后，亚瑟王与世长辞。贝德维尔埋葬了自己的主人。亚瑟王的墓碑上镌刻着：永恒之王亚瑟长眠于此。

亚瑟王传说至此结束，但凯尔特人坚信亚瑟其实是被阿瓦隆仙岛上的四位仙女接走，其中一位正是其姐姐摩根。直到今天，英格兰的民间传说仍然认为亚瑟王有朝一日会重返世间，统治大不列颠。

1485 年，英国“玫瑰战争”结束，亨利七世建立都铎王朝。他虽然是亚瑟王当初抵御的撒克逊人的后裔，却依然无限缅怀亚瑟王的伟业。为了纪念亚瑟王，同时期盼亚瑟归来重振英格兰雄风，他为新生的儿子取名为亚瑟，并在温彻斯特挂起一面巨大的圆桌，上书二十四位著名圆桌骑士之名，这也正是温彻斯特城堡里高挂的大圆桌之真实来历。

二　亚瑟王的历史踪迹

前面讲述了神话中的亚瑟王，那么究竟能不能从历史的脉络中找出他的原型呢？由于凯尔特文化特有的口头传承习惯和常常烧毁典籍的痼疾，外加缺乏考古学证据，使得不列颠中古时代之前的史实难以准确考证。

公元800年左右，威尔士的基督教修士撰写了一本《不列颠人的历史》，书中首次记载了“亚瑟”这个名字，讲述亚瑟生在公元四、五世纪前后的中古时代，他领导不列颠人赶走了统治自己数百年的罗马帝国殖民者，后来又驱逐了侵略的撒克逊人，建立了一个强大的大英格兰王国。

这本歌颂亚瑟王丰功伟绩的书，言之凿凿地肯定存在过一位叫亚瑟的古英格兰王，很多亚瑟王传说的研究者选择从这本书入手寻找亚瑟的踪迹，将一个个潜在的“亚瑟王”逐个过筛子般的进行细查。但这本书中所记载的事迹含糊而不可考，只能说是一本中世纪早期诸多欧洲君王传说集成后的产物。

如果将视线集中在亚瑟王的军事成就上的话，那么倒是可以将筛选范围压缩到公元410年罗马帝国撤离不列颠后崛起的本土将领或部落领袖身上，在其后百余年时间里凯尔特民族的确反复挫败过来自欧洲大陆的撒克逊侵略者，但由于缺乏信史，也只能到此为止了。

那么按照姓名追寻是否可行呢？有研究者发现亚瑟这个名字源于一个古罗马姓氏：阿托利斯，根据古罗马帝国遗留的史料，在公元2世纪晚期的英格兰岛上曾有一个叫作卢卡斯・阿托利斯・卡斯特斯的罗马帝国红衣主教，这位主教曾经成功地说服了游荡在欧陆的游牧民族领袖，让这些蛮族骑兵登岛击败了苏格兰的皮克特人和凯尔特人部落，保护了岌岌可危的古罗马哈德良长城和英格兰殖民地。

接下来，卢卡斯主教又忽悠这支游牧民族骑兵随自己前往今天法国西北部的高卢行省阿莫里凯地区，击败了高卢部落发动的起义。这些“以夷制夷”的丰功伟绩令主教大人被帝国皇帝赐予公爵头衔，这也是亚瑟王在传说中获得的第一个头衔——如果这位卢卡斯就是亚瑟王的原型的话，凯尔特神话中的英雄竟然是靠镇压凯尔特人起家的……

如果按照亚瑟王进军欧洲大陆征服罗马帝国这一线索进行追寻的话，也能发现两个潜在的候选对象。其一是罗马帝国的马克西穆斯将军，这位

死去的亚瑟王被仙女们接回阿瓦隆岛

为了捉拿兰斯洛特与格温娜维尔，亚瑟王御驾亲征。但在他离开后，莫德雷德立刻发动叛乱篡夺王位。亚瑟王匆匆返回英格兰，在卡姆兰河谷中与自己的儿子大战一场，“把昔日臣服于己的骑士们一个一个地砍倒，让铁蹄践踏在曾经全力守护的国土之上”。圆桌骑士团全军覆灭。

凯尔特人坚信亚瑟其实是被阿瓦隆仙岛上的四位仙女接走。直到今天，英格兰的民间传说仍然认为亚瑟王有朝一日会重返世间，统治大不列颠。

军阀在不列颠起家，他手下的士兵都是从不列颠群岛征召的凯尔特人。

公元 383 年，马克西穆斯从不列颠入侵高卢行省的阿莫里凯，居住在巴黎的西罗马皇帝格拉提安被自己的禁卫军抛弃，结果在逃往里昂的路上被叛军捉住杀死。篡位者马克西穆斯自立为罗马皇帝，五年后被东罗马皇帝狄奥多西一世击败杀死。

还有一位将军是 5 世纪初期驻守不列颠的安布罗修斯・奥勒利安将军，他指挥麾下军队多次击败撒克逊入侵者，这一点与亚瑟王的功绩非常符合。更有利的一点在于这位将军虽然有着一个罗马式名字，但他却是布立吞人的后裔，出身于正宗的凯尔特民族。

奥勒利安属于罗马化的凯尔特贵族，过着罗马式的生活，同时也统治自己部下的凯尔特人为帝国服务。在亚瑟王传说中也有一位奥勒利安，在不同版本的传说中他是梅林的父亲，或者是亚瑟王的叔叔。从各方面来分析，这位将军最接近早期亚瑟王的原型，但亚瑟王应该是在他身上叠加了典型人物故事后演化出的神话形象。

除此之外，还有一位传奇人物很可能是晚期亚瑟王形象的原型，他就是 5 世纪中期的一位凯尔特军事领袖利奥萨姆斯。利奥萨姆斯作为不列颠国王，率军与入侵的撒克逊人反复血战，最后由于被亲信出卖兵败被杀，死后被誉为“不列颠至高无上之王”。

利奥萨姆斯的失败经历与亚瑟王之死惊人相似，出卖并重伤他的人叫作阿尔万德斯，而早期的亚瑟王传说中，叛徒名字是摩万德斯，后来才逐渐演变成莫德雷德。利奥萨姆斯重伤兵败后率部退到勃艮艮的阿瓦隆等待援军，但援军没有及时赶到，他也在那里去世。传说中亚瑟王伤重不治归还湖中剑后，也是被四位仙女接到神秘的阿瓦隆岛。而在亚瑟王与叛徒莫德雷德决战时，兰斯洛特出于私怨没有及时率领援军去解救自己的国王，最终导致亚瑟遇害。

三　亚瑟王的神奇旅程

虽然亚瑟王无疑是很多英雄首领故事的复合体，但自中世纪以来，汹涌的民间热情一直认为亚瑟王是个真实存在的有血有肉的圣徒，而历代关于亚瑟王和圆桌骑士的骑士文学作品更起到推波助澜的作用。

在漫长的中世纪，亚瑟王的形象出现在各种绘画、雕塑和文学作品中。即使是在宗教裁判所大行其道的恐怖年代，歌颂带有些许异教嫌疑的亚瑟王也是安全的。欧洲不同国家和民族都有自己钟情的那一部分亚瑟王传奇，不列颠岛上的凯尔特人热衷于那些关于神奇魔法的描述；意大利和法国的吟游诗人则在骑士们的传奇故事里添加许多借古讽今的幽默段子。这两个国家的宫廷和市井文化则对于那些亚瑟王朝的宫闱秘史格外感兴趣，以至于自己动手创造出亚瑟与姐姐的风流韵事；至于西班牙和德意志地区的老百姓，更欣赏由口沫横飞的神父们宣讲的关于圣杯的虔诚故事。

正像鲁迅先生评论《红楼梦》时所说的："一部红楼梦，道学家看到了淫，经学家看到了易，才子佳人看到了缠绵，革命家看到了排满，流言家看到了宫闱秘事。"不同的文化群体对亚瑟王传说进行不同的创作加工，一方面大大丰富了亚瑟王传说的故事内容，另一方面也造成各种版本的神话之间的矛盾冲突。

欧洲文学界的亚瑟王热潮始于12世纪30年代出版的拉丁文编年史小说《不列颠诸王记》，这本书的作者自称为"蒙茅斯的杰佛里"。此书是凯尔特神话集大成者，记录了从古不列颠王国出现到盎格鲁—撒克逊人征服不列颠群岛之间两千余年的历史，亚瑟王传说是这本书中最大的亮点。正是由于活灵活现的英雄传奇，这本书才得以迅速风靡整个欧洲大陆，并点燃了骑士文学的热潮。

正是在这本书中走出了如尤瑟王、康沃尔亲王丁塔吉尔公爵、公爵夫人伊格赖因、亚瑟王、梅林、莫德雷德和贝德维尔等经典人物形象，但后来圆桌骑士和圣杯故事中出现的更多人物如仙女摩根、路特王等等都是后来法国和威尔士等地作家塑造出来的。

其中法国诗人克雷蒂安·德·特罗亚创作了关于圣杯主题的五部传奇小说，这些小说中的主人公是寻找圣杯的英雄骑士们，亚瑟王本身反而成为配角，也正是因为有了这些小说，圆桌骑士们的形象才变得丰富生动起来。

英格兰作家托马斯·马洛礼用英文写的《亚瑟之死》是中世纪最后一本关于亚瑟的作品，这部作品以散文体写成，马洛礼自己承认该书是翻译编辑自一系列法文作品而成。这部作品为亚瑟王传说构筑起延续至今的主要脉络：亚瑟的诞生与兴起、亚瑟王与罗马人之间的战争、兰斯洛特、圣杯、王后格温娜维尔的婚外私情、亚瑟王之死等等。

虽然有塞万提斯的《堂·吉诃德》这类唱反调的讽刺性名著“作梗”，但欧洲人对骑士文化作品的痴迷经久不衰。到了维多利亚时期，亚瑟王题材再度火爆流行，丁尼生的《亚瑟王之牧歌》和怀特《永恒之王》都是传诵一时的经典之作。

在关于亚瑟王传说的文艺作品中，大多数都赞美了这位国王正直机智的做派和追求公正社会的美好梦想，亚瑟的不列颠王国是一个古典意义上的完美无缺的理想国，虽然在故事中这个王国如昙花一现般很快毁于战火，但亚瑟仍然是人们心目中天赐予不列颠的永恒之王。

第二节　大法师梅林

提起梅林这个名字，恐怕大家都不会有太多的陌生感。虽然他不是中国土生土长的形象，可作为舶来品也早已经名声传遍神州大地。

在中国几乎任意一个街头巷尾的地方，你都能找到梅林的踪迹。好了，现在让我们把目光从便利店里收回来，我指的不是那个作为火锅和泡面绝配的著名午餐肉品牌……

在现代中国没读过《哈利·波特》系列小说的人可能有，但完全没听说过它的麻瓜应该不多。魔法世界里的巫师们很流行吃神秘的辣条——不好意思，一时笔误，我想说的是神秘的糖果巧克力蛙。

这种口感独特的糖果想必热量很高，甚至足以拯救被冰冷摄魂怪袭击的幸存者。我们要讨论的重点不是那只需要在拆开包装袋时小心它跳走的小东西，而是随包装盒附送的巫师小卡片。

在这些巫师卡片的形象里，最有名的前辈巫师就是梅林。虽然有人可能不服气地提出邓布利多才是自己的真爱，但是请不要忘记他们的辈分差异。梅林算邓布利多的祖师爷级别，你说《倚天屠龙记》里的张三丰与张无忌谁的地位高呢？

在《哈利·波特》的世界里，不时能听到“以梅林之名”而发出的誓言、释放的魔法或表白的情义。

包括《哈利·波特》在内，西方流行的诸多关于魔法世界的文艺作品中，所有的梅林都指向同一位人物，他就是亚瑟王的挚友和导师，是身世最为神秘的德鲁伊大法师。

一　丛林里的疯子

在9世纪初成书的《不列颠史》中，记载了一位威尔士宫廷中的官吏米尔蒂恩，由于战争和自己效忠的势力被毁灭的双重打击，他选择隐居到森林中过野兽一般的生活。

这位失意的隐者米尔蒂恩与其他一些传说人物在德鲁伊祭司们的记忆中融合起来，逐渐变成中世纪早期威尔士民间传说中的人物。生活在加里东山脉森林里的神秘吟游诗人或德鲁伊祭司梅林（按照古代威尔士发音更倾向于“默林”），因为恐惧战争而精神失常，却因此能够变身动物与飞禽走兽交流，并留下了许多晦涩难懂的神秘预言。为了纪念这位吟游诗人，中世纪的威尔士人民尊敬地编撰了一部民间神话故事集，并取名为《丛林里的疯子》……

在《不列颠诸王记》中，梅林是一位伟大的预言家。他是凯尔特版本的诺查丹玛斯，但奇怪的是，以他之名流传下来的预言却基本都来自《圣经·旧约》，从这里可窥见凯尔特传说逐步基督教化的过程。

到了公元1200年前后，法国作家罗贝尔·德·伯隆成为梅林形象的最重要塑造者和推手。这位绰号“酒鬼伯隆”的罗贝尔是坚定的基督教徒和狂热的骑士文化粉丝，在他创作的诗歌中充斥着梅林、圣杯、圆桌骑士和亚瑟王等元素。虽然时评讥讽他是个“虔诚信徒和庸才作者”，但不可否认的是，正是通过这位酒鬼的鹅毛笔，关于梅林和圣杯的神话体系才最终得以确立。

虽然伯隆可谓梅林之父，但需要注意的是这位父亲是个剥夺了儿子原来出身的继父。他剥离了梅林身上的大部分凯尔特传统文化气息，强行给威尔士神话中的土著孩子进行了基督教文化洗礼。通过伯隆的改造后，梅林从一个疯疯癫癫的吟游诗人华丽变身为教会培养出的资深学者和大预言家。

不过也正是通过这种改造，使得异教文化出身的梅林能够被中世纪时代的基督教会所接受，梅林新出身中的教会背景和他引导正义骑士追寻圣杯的故事，使得欧洲各地的神父们激情万丈地向自己的信众讲述这位智者的故事，继而将梅林这个伟大魔法师的传说推广到整个西方世界。

二　地下湖中的龙

在罗贝尔的骑士故事中，梅林有一个非常另类的出身：他是修女梅丽丝被梦魇恶魔强暴后的产物。恶魔之王撒旦试图令梅林作为一个伪教徒在基督教会内部生根发芽，为末日之战中对抗耶稣做准备。神父布莱兹了解实情后决定破坏恶魔的阴谋，他凭借自己毫无保留的虔诚信念将新生的梅林浸入圣水中进行洗礼，成功地解开了恶魔父亲对这个婴儿的影响，给了他一颗善良纯洁的心灵，并且让这孩子因离奇的身世而拥有了预知未来的超人能力。

酒鬼伯隆为梅林设计的身世略为重口味，颇有些非议者认为智者不应该拥有如此不堪的来历。所以在后世的演变过程中，不乏试图为梅林洗白出身者。在流传至今的故事中，还有梅林是大地女神和精灵王的后人、梅林是精灵与少女的爱情结晶等不同版本，但“革命先行者”的印记是不容磨灭的，流传最广的依然还是罗贝尔版的故事。

关于梅林的成长经历，不同版本的故事基本都与威尔士神话保持了一致。

在梅林还是孩童的时候，亚瑟王的祖父、不列颠国王沃蒂根打算在威尔士的土地上修建一座塔楼，可没想到地基不稳，随建随塌。沃蒂根向他

不同作品中的梅林形象

包括《哈利·波特》在内，西方流行的诸多关于魔法世界的文艺作品中，所有的梅林都指向同一位人物，他就是亚瑟王的挚友和导师，是身世最为神秘的德鲁伊大法师。

的皇家魔法师寻求应对的方法，结果得到一个血腥的解决方案：要在修建塔的石灰中加入一个孩子的鲜血，但是这个孩子的父亲不能是人。

很显然，这答案就是为七岁的梅林量身打造的。沃蒂根的手下很快找到了梅林，并把这个将被用于血祭的小可怜带到国王面前。就在这时，年幼的梅林在苦恼的国王面前表现出神迹。他告诉国王，地基不稳是因为有两条巨龙正在塔楼下的地下湖泊中休眠所致。

沃蒂根半信半疑地下令挖掘，果然在地基下挖出了湖水。抽干湖水之后，两条巨龙正如梅林预言的那样卧在巨石上沉睡！被惊醒的巨龙腾空而去，梅林向呆若木鸡的沃蒂根解释说，这两条龙象征着撒克逊人与威尔士人的国运，红色的代表威尔士，白色的代表撒克逊。总有一天红龙会战胜白龙，那天就是威尔士人征服撒克逊人之日。

虽然这个预言说得气壮山河，但日后被迫跪在地上唱《征服》的却是威尔士人……不过威尔士的乡亲们等了几百年后终于有了把大话圆回来的机会：1485 年 10 月 30 日，有威尔士血统的亨利七世推翻理查三世登上英王王位，开创都铎王朝，此事被认为是梅林预言成真的例子。

当然，沃蒂根国王看不到那么久远之后的未来，年事已高的他迫切需要解决的是一个更现实的问题：如何在自己的孩子中挑选继承人。梅林抓住了这个机会，他预言如果把王位传给尤瑟王子，就可以击退撒克逊人的进攻，保卫国家。

于是，不久后梅林成为沃蒂根国王的继任者尤瑟王的国师。

在亚瑟出生之前的梅林故事中，我们知道这位法师从来不以一种面目见人，他经常用法术变化成不同的人来与外界接触，其中最常用的形象是闪烁着深邃目光的老人。在闲暇时刻，他喜欢在森林中变身成动物和鸟兽对话，并观望星象，占卜未来。

当然，梅林也偶尔制造一两件具备轰动效应的大新闻。有一次国王希望修建一座大型纪念碑，被相中的是爱尔兰岛上的巨石。这些被称为“巨人的舞蹈”的大石头是人力无法移动的，但梅林施展魔法将它们瞬间转移到英格兰的索尔兹伯里平原。虽然这些巨石阵早于梅林所处时代三千年就

梅林常以老人面目示人

在亚瑟出生之前的梅林故事中，这位法师从来不以一种面目见人，他经常用法术变化成不同的人来与外界接触，其中最常用的形象是闪烁着深邃目光的老人。在闲暇时刻，他喜欢在森林中变身成动物和鸟兽对话，并观望星象，占卜未来。

已经待在那里了，但这并没有影响到梅林粉丝们的热情。

梅林对尤瑟王的重要性，我们已经在亚瑟王的篇章中有所描述。在威尔士传说中，梅林也曾对尤瑟王预言过亚瑟的出生和他继承王位的事情。看来梅林日后为尤瑟王和伊格赖因“牵媒拉线”的举动，也是他亚瑟养成计划的一部分……

在亚瑟王的篇章中我们提到梅林帮助尤瑟王得到伊格赖因的前提条件就是要带走他们的儿子进行教养，而亚瑟王也的确是在自己的亲生父母结婚前孕育的，按照欧洲传统来理解，他是不确定有继承权的非婚生子。

据说梅林在答应帮助尤瑟王之前已经明确提醒过他会造成某种“不当后果”，显然他已经预知这位国王会有一个不太合法的继承人。正因为如此，尤瑟王才会同意梅林带走自己的儿子——说不定马上又能和王后再生一个合法继承人呢！

没想到人算不如天算，尤瑟王造人不利，最终还是只有亚瑟这个独苗，又因为临终前亚瑟不在他身边，于是英格兰的王位居然因此空悬多年。

在伯隆的《梅林》中，石中剑是被尤瑟王插入巨石上的铁砧之中，尤瑟王还下令在神剑上刻下如此的铭文：“无论何人，只要能将此剑从这块巨石上的铁砧中拔出，他就是英格兰的合法国王。”

尤瑟王本身并不是有魔力之人，也不是天赋异禀的大力士，可他插上去的剑愣是谁都拔不出来！偏偏等到亚瑟长大后，跑过来随随便便一试就拽出来了——这显然是梅林事先与尤瑟王商量好以魔法作弊的把戏。

为了堵住众人的悠悠之口，梅林又安排年少的亚瑟逢年过节就如此演示一番，于是每逢圣烛节、圣诞节、复活节等重大节日，亚瑟都要召集王公大臣贵族骑士们一次次地表演拔剑出石的情景剧，效果堪比春晚上那句“观众朋友们，我想死你们啦”……

几次三番下来，等到大家对这种套路无力吐槽以后，亚瑟终于得以在圣灵降临节那一天加冕为王。

三　坠入爱情陷阱

“酒鬼伯隆”笔下的梅林是为亚瑟王而生的专业男配角，他无所不能的魔力和无所不知的预知造就了一个几乎完美的魔法师形象。但这位梅林终归还是有七情六欲的肉体凡胎，他拥有不平凡的出身，不平凡的能力，却没能掌控一段不平凡的爱情。

就在亚瑟王损毁了自己的石中剑之后，梅林带着这位失意的少年国王从湖中仙女薇薇安手里得到湖中剑。在经历了这一神奇事件后，亚瑟王认定梅林是自己的人生导师和首席谋士。而也正是由于与薇薇安的交往，使得一向睿智的梅林陷入了情网……

在不同版本的传说中，薇薇安有时也被称作尼缪埃、妮穆、妮妮安等等，她的身份时而是湖中仙女，时而是湖畔女巫，但总体而言是个住在圣湖附近的美貌魔女。

虽然梅林对薇薇安一往情深，但薇薇安并不喜欢他。在酒鬼伯隆的笔下，薇薇安因为非常反感梅林的求爱纠缠，竟然将梅林钉死在橡树上。虽然作者竭力剥去了梅林的异教文化气息，但死在橡树上这一点倒是非常符合梅林最初德鲁伊身份的文化符号。

后来流传的版本逐渐变成梅林被钉在橡树上或是墓碑上，抑或是困在巨石坟墓中无法脱身，至少给梅林留下了些许活命的可能性。

薇薇安为何对自己的追求者如此痛恨呢？伯隆的诗歌并没有给出详尽的答案。在后世的文学作品中，很多作者注意到这个漏洞，并施展才华进行了填补。

在《兰斯洛特的圣杯》故事中，薇薇安是个流浪的女猎人，梅林发现她后将她推荐到亚瑟宫廷中生活，并开始疯狂地追求她。薇薇安担心与梅林结合会生出带有恶魔血液的孩子，因此欺骗梅林说在学会梅林全部的本领前自己不会接受他的感情，于是梅林将平生所学尽都教给了心上人。在掌握强大魔力后，薇薇安将梅林诱入古代情侣合葬的墓穴中，将其永久禁锢在古墓里面。

还有另外的版本宣称薇薇安与亚瑟王的姐姐摩根都是梅林的弟子，梅

梅林也拥有七情六欲，也会被爱情诱惑

虽然梅林拥有无所不能的魔力和无所不知的预知能力，但他终归还是有七情六欲的肉体凡胎。他拥有不平凡的出身，不平凡的能力，却没能掌控一段不平凡的爱情。他爱上了湖中仙女薇薇安，从此步入了悲剧的人生。

林与薇薇安相恋后又移情摩根，这才让薇薇安由爱生恨，痛下杀手结束了这段师生孽缘……

不管怎么说，梅林最终还是与亚瑟王一起淡出了神话舞台。据说如果亚瑟王重返人间的话，他忠诚的守护者梅林也会自地下重生，继续辅佐自己伟大的君王。

第三节　湖边骑士兰斯洛特

在本章开篇时我们曾经提到，亚瑟王传奇中有一位人物后来出现在扑克牌上。他就是梅花J——湖边骑士兰斯洛特。

作为圆桌骑士中武功最出色的一个，兰斯洛特身上承载着无数传奇，他是一个天生吸引聚光灯的角色，就算是亚瑟王与他同场出演时也会黯然失色。

兰斯洛特这个形象是12世纪晚期才被法国人创作出来的，尤其是在作家克里斯蒂安笔下，兰斯洛特成为一个英俊潇洒、善解风情、彬彬有礼的翩翩君子。

于是这个上门踢馆的角色成功地跻身于亚瑟王传说之中，圆桌骑士团因兰斯洛特的不朽功绩而兴盛，也因他与格温娜维尔的不伦之恋而崩溃，这个功过是非都无比突出的英雄为亚瑟王传说增添了无数戏份。

其实扑克牌上那个油头粉面的梅花J并不能代表兰斯洛特的形象，作为亚瑟王传说中武功最高、性格最浪漫、个性最鲜明的一个角色，也许《三国演义》里面的吕布倒和他有一点点相像。

一　湖上的兰斯洛特

兰斯洛特的故事有一个悲伤的开头。

在中世纪的法国民间传说中，有所谓班努瓦克或者是布尔热斯、博恩、巴约纳这个地方，大概位于今天法国的巴斯克地区。班努瓦尔的国王叫班恩，祖上带有耶稣门徒约瑟的高贵血脉。在伟大祖先灵魂的感召下，班恩曾经加入亚瑟王麾下，为建立一个伟大的英格兰王国立下功勋。

只可惜班恩天命不永，他在王后伊莱恩生下儿子后不久就去世了。还没等可怜的王后缓过神来，她刚生下不久的儿子也被偷走了！

拐走孩子的罪犯是我们的大熟人——住在圣湖边上的仙女薇薇安。这个美丽又可怕的人贩子将年幼的兰斯洛特交给他的叔叔鲍斯爵士抚养，等他长大成人之后，薇薇安又为兰斯洛特置办了全套的武器铠甲骏马盾牌和大量的魔法宝物，让他去杀死自己的敌人建立功勋。

虽然我们通过可怜的老梅林之死知道薇薇安不是个傻白甜式的爱心大姐，但偷走寡妇遗孤的行为怎么看都是值得商榷的。所以后来有了另一个比较浪漫的版本，那就是兰斯洛特出生后被丢弃在圣湖湖畔某处，薇薇安和她的女伴们发现这个孩子并将其抚养长大，于是兰斯洛特也被称之为“湖边骑士”或“湖上的兰斯洛特”。

实话实说，第二个版本的逻辑上也大有问题，兰斯洛特怎么就落得一生下来就被随随便便丢在湖边呢？

正如亚瑟王传说中所有的英雄故事一样，兰斯洛特的故事也有许许多多的分支版本，我们无法一一细究，只要梳理出大致的脉络即可。

靠着神经兮兮的仙女养母兼保护人的庇护，兰斯洛特杀死了每一个不识好歹向自己发起挑战的冒失鬼。

这个少年很懂得深藏功与名，他一直过着隐姓埋名的生活，还很喜欢冒那些已经成名的圆桌骑士之名参加决斗——因为他还没有受封为骑士，实际上没资格参加正规的骑士比武。幸亏他的每一场战斗都获得了胜利，倒也没有辱没被假冒者的名誉。

作为圆桌骑士中最为罗曼蒂克的一分子，兰斯洛特的生命中从不缺乏女人，就连仙女摩根也曾对他下手。传说摩根等四位王后曾在出游时遇见了在树下熟睡的兰斯洛特，于是便施用法术，将这块小鲜肉掳至凯利奥城堡，逼迫他从这几位美艳的老大姐中选出一位做情人。

但兰斯洛特拒绝了这份不伦姐弟恋，在他坚定的态度面前，纵然是法

格温娜维尔与兰斯洛特

湖边骑士兰斯洛特英俊潇洒，勇猛过人，他邂逅了美丽的格温娜维尔，从此上演了一场骑士与美女的爱情故事。他们的爱情故事，是欧洲骑士文学的滥觞，最终使得圆桌骑士们的英雄故事蒙上了阴影，导致了亚瑟王朝的土崩瓦解。

力高强诡计多端的摩根也走了麦城。

在欧洲各地的民间传说中，兰斯洛特都是有着过人魅力的英雄。

在那遥远的古代幻想世界里，依然遵循着“看脸”的规则，于是英武过人的兰斯洛特每逢危难总能在美女、修士或小孩的帮助下化险为夷。

习惯看脸的还包括兰斯洛特的敌人，那是一个极为“玛丽苏”的故事：兰斯洛特加入亚瑟王麾下后，曾面临过一次强敌的挑战。一位野心勃勃的国王加勒沃特打算吞并英格兰，于是亲率大军入侵。就在加勒沃特与亚瑟王对峙时，他遇见了英姿勃发的兰斯洛特。

狂傲的加勒沃特被兰斯洛特的英雄气概折服，居然主动归顺亚瑟王，只求能加入圆桌骑士团，与亲爱的湖上骑士并肩而战……

好了，还是让我们先回到兰斯洛特成为骑士的那一刻吧。

这位勇猛过人的年轻人沿着父辈的足迹走进亚瑟王的宫廷，正因为这样他才邂逅了美丽的格温娜维尔，也正是他们后来的爱情使得亚瑟王的伟业土崩瓦解。

以中国人的观点来看，兰斯洛特与格温娜维尔的孽缘是妥妥的英格兰版红颜祸水故事。但在中世纪的欧洲，兰斯洛特可是公认的骑士英雄和浪漫公子。

标准情人应该什么样?

就是像湖边骑士那样!

在公认的故事版本中，亚瑟王封兰斯洛特为骑士时竟然忘记赐给他宝剑就大咧咧回到宝座上去了。要知道在册封骑士的仪式上，赐剑是非常重要的一环。这不全因为武器对战士的重要性，也不全因为长剑象征着战胜敌人守护弱小的骑士誓词，最重要的是剑对骑士而言，象征着他的荣誉和正义感——借用一句老片子《大话西游》里的台词，难道亚瑟王早就看出眼前跪下的小白脸是个会勾引嫂子的王八蛋?

总之，没获得骑士佩剑的兰斯洛特当场就下不来台。幸亏细心的王后格温娜维尔为他解围，于是上演了王后为贵族骑士系上腰间佩剑的一幕。就是从这一刻起，兰斯洛特对美丽的王后怦然心动，开启了一段至死不渝的柏拉图式恋爱。

在此后的日子里，兰斯洛特公然打着“格温娜维尔的骑士”的旗号四处行侠仗义、除暴安良，为自己赢得了不朽的名望。

一般来说，身为一个圆桌骑士应该奉亚瑟为领袖才是，兰斯洛特却无所顾忌地打出王后的闺名为旗号，虽说他的佩剑是格温娜维尔所授，但这一行为确实引起了不少流言蜚语。

需要特别指出的一点就是，在兰斯洛特与王后之间，还有一个自告奋勇的“媒婆”，他就是那位终生仰慕湖上骑士的加勒沃特。正是因为他以偶像的爱情为自己的爱情，不懈地反复鼓动和牵媒拉线，终于让一对情人顶着巨大的心理压力牵手成功。

本来在宫廷中就容易传绯闻，更别说其中的男主角还格外高调。

于是终于有圆桌骑士兄弟忍不住跑去对亚瑟王说，老大你得看好自己媳妇啊……这位喜欢多嘴的兄弟据说是圆桌骑士里面的梅里亚冈特，他是出于忠诚才去提醒自己主君的，可在没有真凭实据的情况下，亚瑟王只能保持沉默。

几次三番下来，兰斯洛特恨透了梅里亚冈特，终于他找到借口发起决斗，利用骑士规则合法地除掉了这位大嘴巴。

这是圆桌骑士兄弟之间的一次著名内讧，正如英国人认为的那样，“兰斯洛特和王后的爱情伤害的不仅是亚瑟王，还有整个圆桌骑士团”。

杀戮和仇恨一旦开始便无法停止，不久后圆桌骑士加韦和莫德雷德率领一帮兄弟闯进王后宫殿捉奸，把正在卿卿我我的一对情人抓个正着。虽然湖边骑士杀出重围跑路了，但手无缚鸡之力的王后却被押送到自己丈夫面前接受审判。

虽然亚瑟王希望饶恕自己的妻子，但被激怒的整个圆桌骑士团都围在他身边鼓噪，要求遭遇背叛的君王处决不忠的王后。

在这里读者可能会觉得奇怪，为何圆桌骑士们比亚瑟王还要激动呢？这就需要说明欧洲骑士文化的严密体系了。

在中世纪的欧洲，骑士文化是一项全民性的狂热爱好，尤其是宫廷贵妇们更是沉迷于“英俊骑士爱上我”的幻想，把这种白日梦做得最出名的是12世纪一位伯爵夫人玛丽。

玛丽极其热衷骑士与贵妇的爱情故事，她制定了一套“宫廷爱情”准则。宣称勇敢的骑士在遇见心仪的贵妇时，必定会因为对方的美丽而陷入疯狂的爱恋。为了排解心中思念，他会四处比武建立功勋来表达自己的爱。贵妇可以默许骑士对自己的爱意，但不得在肉体上有任何出轨之处，因为她的贞洁是丈夫全家以及整个贵族势力的荣誉。也就是说，亚瑟王戴绿帽子就等于全体圆桌骑士都戴上了绿帽子。

在这种巨大的舆论压力之下，亚瑟王只能悲叹着骑士们已经失去了彼此之间高尚的情谊，然后颁布了处决令。

这是多么狗血的爱情伦理剧情节呀——兰斯洛特热烈地爱上君王的妻子，格温娜维尔纯洁地爱上了丈夫的下属，亚瑟王仁慈地下令烧死自己的妻子……

虽然格温娜维尔在火刑柱上被兰斯洛特及其同伙加勒沃特劫法场救出，但此后所发生的一系列战乱与背叛迅速毁掉了亚瑟王朝。

二 《马车上的骑士》

在中世纪的民间传说中，兰斯洛特与格温娜维尔这一对苦命情人之间的爱情是经久不衰的话题，数百年来诞生了无数个不同的故事版本。其中大部分都是从崇高走向崇高的格调，反复讴歌这对恋人的纯洁爱情和悲剧结局。

但是偶尔在一些细节中，却流露出让人疑惑的情节来。例如在兰斯洛特寻找圣杯的传说中，他极度接近圣杯却始终无法目睹这个神圣的酒杯，因为罪人是无缘神器的。每当兰斯洛特反省此事时，都会责怪自己当初不应该犯下与格温娜维尔私通的罪行。

等等，柏拉图式的精神恋爱哪里去了，怎么冒出私通的情节 呢?

其实历代剧作家中都不乏有人质疑这对爱人的纯洁关系，更有故事描述兰斯洛特早在亚瑟王之前就结识了格温娜维尔，并且通过比武决斗赢得了迎娶她的资格，但最后美丽的苏格兰公主还是遵从父亲的意见去完成了和亚瑟王的政治联姻。

这里我们要提一下法国人特鲁瓦的一部作品《马车上的骑士》，这是一部关于兰斯洛特成长故事的长诗。在这部作品中，远行的兰斯洛特累垮了自己的马，于是向萍水相逢的圆桌骑士加韦借马。等他累死了借来的马以后，又乘坐一个丑陋侏儒的马车继续前进。

后来他想投宿旅店，旅店老板却嘲笑兰斯洛特说，一个骑士怎能不骑马而是乘马车赶路？原来在当地有个古怪的风俗，马车是专门用来运载罪犯游街用的，坐上马车的人从此名誉扫地，不得进入王宫，也会失去任何尊重与友谊。于是在一顿调侃嘲讽之后，旅店老板将兰斯洛特赶出大门。

中国有句俗话说得好："车、船、店、脚、牙，无罪也该杀。"说的就是包括开旅店在内的五种职业最是钻在钱眼里，狗眼看人低。论吵架，这五种职业是专业喷子；论地位，这五种职业提供的都是能拿捏住顾客的服务，所以一般来说跟他们争执是干生气没脾气，除非你像杨志一刀砍了牛二那般解决问题。

兰斯洛特虽然一时落魄却又没有杨志那般的狠劲，他争辩不过店老板却又难以忍受屈辱，最后竟然打算自杀泄愤，也算是亚瑟传奇中的一朵奇葩了。

幸而加韦再度解救了兰斯洛特，他告诉这个年轻人，亚瑟王未来的妻子格温娜维尔被邪恶骑士米莱甘特绑架，目前被关押在米莱甘特父亲的城堡里，所以勇敢的少年啊，和我一起向着夕阳奔跑吧！

加韦和兰斯洛特兵分两路，加韦沿着水桥前进，兰斯洛特沿着剑桥前进，去寻找关押着格温娜维尔的城堡。

后来，兰斯洛特在与米莱甘特的决斗中差点败北，要不是格温娜维尔认出了他并设法周旋，他是无法最终取胜的。但格温娜维尔获救后却拒绝与兰斯洛特见面，因为兰斯洛特宁可为脸面而自杀，却不愿坚持到最后来救她，这让她不能理解。

从这个故事来看，显然兰斯洛特与格温娜维尔是老相识了。其中最具备欧洲古典风格的情节就是兰斯洛特误会格温娜维尔不肯见他是因为她已经香消玉殒，于是他悲痛万分又开始寻死觅活。当获悉公主健在的消息后，他半夜爬上塔楼，扭断窗栏，爬进格温娜维尔的卧室，两人度过了温馨浪漫的一夜。

从这个故事开始，加韦与兰斯洛特的真挚友谊便成为圆桌骑士团传说中重要的成分。他们的漫长友谊保持了很久，直到兰斯洛特为了从刑场救出格温娜维尔而杀死了加韦的弟弟为止。

三　消失在快乐之城

在欧洲民间传说中，兰斯洛特与格温娜维尔之外的女性也有过较为特殊的风流韵事。其中流传最广并被最后收录到亚瑟王传说中的一个故事是关于兰斯洛特与伊莱恩的故事。在这个故事中，伊莱恩不是兰斯洛特的母亲，她成了费雪王的女儿。伊莱恩爱上了寻找圣杯的兰斯洛特，于是用魔法让兰斯洛特相信自己就是格温娜维尔，二人生下后来成为圆桌骑士的加拉哈德。

这个故事简直就是摩根对亚瑟王手法的翻版，但故事的结局并不圆满。因为兰斯洛特对爱人异常坚贞，以至于他在发觉自己背叛了格温娜维尔后陷入疯狂。他本想一剑杀死伊莱恩，却最终无法下手杀死一个孕妇而含恨离去。

兰斯洛特的儿子加拉哈德长大后成为拥有最纯洁灵魂的圆桌骑士，只有他最终找到了圣杯并升入天堂，留下自己惆怅的父亲在世间徘徊。

关于兰斯洛特有无数传说和故事，在这些故事中他杀死过巨龙，消灭过恶棍，赢得过城堡，夺取过王国……

无论他的传奇如何改变，他对格温娜维尔的真爱始终不变。

但这对情人最终没有走到一起。

亚瑟王去世后，巨大的罪恶感击垮了格温娜维尔。当兰斯洛特从英格兰战场返回的时候，他再也没有找到自己的心上人。

受到痛苦思念和自责的折磨，湖上骑士最终决定舍弃一切，做了苦行的修道士。最终，他在自己的城堡“快乐之城”中与世长辞。

与湖边骑士并肩长眠的，是他忠诚的朋友与粉丝加勒沃特。

第四节　格温娜维尔的美丽与哀愁

作为亚瑟王的合法妻子，格温娜维尔并不是与自己的丈夫在同一时期被创作出来的形象。

她出现在亚瑟王传说中的时间很晚，一般认为这位王后是随着特鲁瓦的作品《马车上的骑士》一起登上文学舞台的——随着她的爱人兰斯洛特一起……

自从格温娜维尔这个形象诞生以后，这位美丽善良却又命运悲惨的王后迅速成为法国骑士文学中典雅爱情的标杆式人物。随着时间推移，整个中世纪时代的欧洲都臣服在这位亚瑟王朝王后的石榴裙下。每当人们议论爱情话题时，她与自己丈夫和情人之间的纠缠关系就成为最好的谈资。

一　女神的女儿

在《维塔·梅林》中，“蒙茅斯的杰弗里”将这位王后描述成一位古罗马来的异族美女。不过在后来的传说中一般认为格温娜维尔是某位凯尔特国王的女儿。细究起来她的名字其实源于威尔士语中的芬纳维尔，而这个名字又是爱尔兰神话中神圣女王梅耶女儿的芳名，她的身世背景也和古代凯尔特象征生育及王权的女神联系在一起。

有趣的是，在古英格兰传说中格温娜维尔是个无法生育的苦命女子，而法国和威尔士人则坚称这位王后至少曾生下一个王子。这种尴尬局面僵持到1485年，英国第一位印刷家威廉·凯克斯顿印刷了托马斯·马洛礼的《亚瑟王之死》，这是一部集法、英两国形形色色的亚瑟王及其圆桌骑士故事的大杂烩。

《亚瑟王之死》有两项重大意义，一方面这是印刷术在英国的一次大规模使用，刊印成册的故事集规范了野草般纷乱的民间手抄本，中古英语方言有了相对固定的拼写符号，这是很多英国语言学家认定的中古英语终结标志；另一方面则是故事内容终于承认了格温娜维尔的生育能力，但令人哭笑不得的是，孩子的父亲既不是亚瑟王也不是兰斯洛特而是圆桌骑士中的叛徒莫德雷德，他夺取了政权后胁迫王后为自己生下了两个儿子……

需要注意的是，格温娜维尔并不是在所有亚瑟王传说中都被塑造为正面形象。例如在《兰瓦尔》这篇故事中，这位王后被描绘成一个淫荡成性的恶毒女子，她勾引一位圆桌骑士不成后，竟然捏造罪行逼迫亚瑟王将其处死。这个故事在法国和威尔士都曾广为流传，幸而并没有引领风骚成为主流，这才为后世留下了一个值得同情和叹息的美人风流故事。

在另一本中世纪骑士文学流行读物《亚瑟王历险记》中，格温娜维尔母亲的灵魂曾在她和加韦的梦境中出现，预言了亚瑟王朝的毁灭和亚瑟王的死亡。虽然格温娜维尔向亚瑟王示警，却无法让自己的丈夫逃脱命中注定的劫难。

二　亚瑟的王后

在托马斯·马洛礼的《亚瑟王之死》中，苏格兰的寥德宽王与瑞安士王开战时，亚瑟王率领着骑士们赶来援助寥德宽王，击败了敌人。寥德宽王对亚瑟王极为感激，在自己的城堡中大摆筵席，招待不列颠的英雄们。就在这次宴会上亚瑟王无意间瞟见了格温娜维尔公主，于是立即神魂颠倒地爱上了她。

返回不列颠后，亚瑟王就对自己的导师梅林抱怨说：你看国内的贵族都在劝我成家娶妻，搞得我很是不得安宁呢……

梅林立刻明白这是自己的国王在绕着弯提要求呐，于是立刻鼓励亚瑟说，你这样伟大的君主当然应该有位合适的王后了，不知你看上谁家的闺女了？

亚瑟王急吼吼地说，我觉得寥德宽王的女儿格温娜维尔就挺不错呀！

接下来出现了两个版本的故事，一是梅林对亚瑟的眼光大为赞赏，立即为他策划了求婚事项，终于让亚瑟王朝迎来了风华绝代的女主人。另一个版本是梅林忽然被激活了大预言术，他反复警告亚瑟王说格温娜维尔会为这个国度带来毁灭性的灾难，但亚瑟王被爱情冲昏了头，不听劝阻，执意迎娶自己的心上人。

于是，后面的故事大家都知道了……

我们知道，创造了兰斯洛特与格温娜维尔故事的是法国人，法国虽然有发明了虚无缥缈的宫廷爱情规则的玛丽伯爵夫人这类闲人，更有制定出实际可行的生活潜规则的贵族阶层。

一般来说，贵族的爵位和家产主要由长子继承，所以有点身份地位的丈夫都对妻子在婚前的贞洁有要求，这也是为了保证长子是自己的嫡亲血统。一旦继承人出生，夫妻就可以各自寻找自己的情人了。

从贵族的角度而言，婚姻和爱情完全是两个概念。大贵族的婚姻一般都是政治集团的结盟，新娘会为夫家带来领地和财富，即所谓的政治婚姻。这样的婚姻纯粹是经济和政治交易，只要夫妻找情人互不损害对方利益，那有什么不可以的呢？

在法国文学作品中，嘲笑嫉妒的丈夫是一个固定的套路。贵族圈子里的价值观是这样的：他们认为一个丈夫没有情人是自己缺乏魅力和能力的表现，而他竟然禁止妻子成为别人情妇，这更是气量狭小的不得体行径。

这种扭曲的价值观发展到最后，竟然到了相亲相爱的夫妻会被贵族圈子讥讽嘲笑的地步！因此，法国人会创造一个出轨的格温娜维尔也就不足为奇了。

三　被埋葬的美丽与哀愁

按照东方的古典道德观，格温娜维尔的出轨是不可原谅的，从英王亨利八世先后以叛国罪砍掉了自己两位出轨王后的头颅来看，英格兰人眼里也是不揉沙子的……

可偏偏中世纪时法兰西的文化光芒四射，以至于绝大多数的亚瑟王传说都被高卢人的鹅毛笔写成文字四处传扬。法国人特鲁瓦兴致勃勃地将兰斯洛特和格温娜维尔这一对情人推上文学舞台，害得英国人不得不一再为王后洗地。

例如有很多故事将格温娜维尔与兰斯洛特的相识时间提前到她嫁给亚瑟王之前，甚至有这样的说法：兰斯洛特曾通过决斗获得了和格温娜维尔成婚的权利，只是因故没有行使才让她被亚瑟王娶了云云。

这些粉饰性的文字无法掩盖王后出轨导致国王身死、王朝毁灭的事实，更何况骑士文学与一般的传统小说不同，它格外强调宗教和道德的作用。既然没法改变王后出轨的故事主干，那只好在她的结局上多做文章以警示后人了。

几乎全部的亚瑟神话都为格温娜维尔指出了到修道院苦修忏悔这一条不归路，这也符合欧洲人以宗教使人解脱的主旋律。有些法国民间传说认为格温娜维尔在得知自己儿子的死讯后自杀，但这种不符合基督教教义的举动颇受教会责难，于是大多数故事的口径又改为格温娜维尔凄苦地待在修道院很多年，直到临终前才请兰斯洛特将自己带走安葬。

英格兰传说中则认为格温娜维尔出轨后来到修道院苦行忏悔，她对自己进行了肉体和精神上的双重折磨，以至于那些凶神恶煞的修女嬷嬷们都同情地说："王后像是疯了一样！"

遭遇背叛的亚瑟王一直没有忘记自己的妻子，他在最后的卡姆兰战役之前来到修道院，请格温娜维尔再做他的王后。当这对历尽沧桑的夫妻再度拥抱后，格温娜维尔忏悔道：我是和兰斯洛特有了私情。亚瑟王则大度地说：你不用忏悔，我原谅你，因为我爱你！

在那之后，王后的精神状态好多了。她等着与丈夫破镜重圆的一刻，可最终等来的却是亚瑟王的死讯……

于是，格温娜维尔静静地留在修道院里，让时光和痛苦一点点埋葬她风华绝代的美丽与哀愁……

第五节　少女的骑士加韦

亚瑟王帐下有两员大将：一个是兰斯洛特，一个是加韦。他们两个是相爱相杀的一对好朋友，并肩合作时将圆桌骑士团推至巅峰状态，反目成仇时则葬送了亚瑟王朝的传奇。单论战斗力的话，很难说加韦与兰斯洛特孰强孰弱，这对似同瑜亮的人物也给整个亚瑟王传说增添了几抹亮色。

在充斥着阴谋背叛、爱恨纠缠的亚瑟王题材史诗故事中，加韦是个很独特的另类角色。加韦是个翩翩君子，据统计，在所有关于亚瑟王的传说故事中，提及加韦谦逊有礼的次数远超其他所有人的总和。

在中世纪的很多骑士小说中，加韦被冠以“少女的骑士”这个称号。这个称号并不是因为他钟情于某位少女，而是因为这位正直的骑士几乎没有绯闻，所以可以安全地做所有女人的勇士与梦中情人。

在亚瑟王属下的骑士中，加韦是一个拥有某种超自然力量的特殊人物。在各种版本的故事中，他或者与仙女结缘，或者被妖精所救，或者是巨神之后，或者是仙灵之子，也许正因为如此，他才会拥有超越常人的优雅品质和不凡胆识。

一　亚瑟王的外甥

“蒙茅斯的杰弗里”在他的《不列颠诸王记》这部著作中宣称加韦的祖先来自挪威，也就是说他是北欧海盗的后裔。他的父亲是挪威奥克尼部落的洛特王，领地则是苏格兰北方海域上的奥克尼群岛。后来有人研究认为这是一个误会，是某位中世纪的抄写员在洛特王与奥克尼伯爵之间少写了一行，结果让人读起来感觉洛特王就是奥克尼伯爵。

早在公元 9 世纪，奥克尼群岛就被挪威人占领。到了 15 世纪挪威公主玛格丽特嫁给苏格兰王詹姆斯三世时，由于身为老丈人的挪威王克里斯蒂安一世手头窘迫，拿不出嫁妆钱，只好把该群岛作为担保抵押给女婿，四年后挪威王干脆将这个群岛正式割让给苏格兰，以了结这笔欠账。

于是以讹传讹之下，在亚瑟王传说中不仅出现了挪威人出身的奥克尼伯爵，还进而衍生出一个由洛特王后裔组成的奥克尼部落来。

根据“蒙茅斯的杰弗里”的说法，洛特王是苏格兰王奥古斯都的兄弟，他娶了丁塔吉尔公爵与伊格赖因的女儿安娜（一说为尤瑟王与伊格赖因所生的摩加韦斯），成为亚瑟王的姐夫。洛特王和安娜生了好几个儿子，其中最有名的两个是加韦和莫德雷德。

这就出现了一个与其他亚瑟王传说中不一致的地方：日后的大反派莫德雷德出身于奥克尼部落，而不是仙女摩根的儿子了。

洛特王与亚瑟王的父亲尤瑟王关系匪浅，尤瑟王重病之后，是洛特王继续带领着不列颠人民抵抗力量抗击撒克逊入侵者。

在托马斯·马洛礼的《亚瑟王之死》中宣称洛特王最后被他的敌人佩利诺尔王杀死，也有人说杀死洛特王的是伯林诺王。总之，洛特王战死之后，奥克尼部落的领导权就落到他儿子加韦手上了。

身为新的部落首领，加韦带领自己的四位弟弟阿格拉维恩、加尔瑞斯、加雷恩和莫德雷德加入舅舅亚瑟王的圆桌骑士团，奥克尼部落的战士们一直打到罗马，击败了与亚瑟王为敌的罗马帝国皇帝才罢休。

在亚瑟王传说中，加韦对自己的君主是忠诚和尊敬的，但他并不奴颜婢膝地讨好亚瑟王。在某些时候，这位有着北欧海盗血统的外甥还会犯颜直谏，搞得舅舅下不来台。

在家庭内部，加韦最爱的是弟弟加雷恩。而他的兄弟中，最坏的是阿格拉维恩和莫德雷德。正是在莫德雷德的挑唆之下，加雷恩撞破了他们的母亲与杀父仇人佩利诺尔王的儿子拉莫拉克的奸情，并在激愤中当场砍下母亲的人头。这桩惨案导致整个家族四分五裂，也是日后兰斯洛特和格温娜维尔被捉奸事件的预演。

而日后兰斯洛特为了拯救格温娜维尔杀死了监督行刑的加雷恩，从而让加韦与兰斯洛特变成不共戴天之敌。

二　加韦奇遇记

在欧洲骑士文学作品中，关于加韦的故事主要有两个，正是这两个故

中世纪版画，威武的圆桌骑士加韦

在圆桌骑士中，加韦是一个拥有某种超自然力量的特殊人物。在各种版本的故事中，他或者与仙女结缘，或者被妖精所救，或者是巨神之后，或者是仙灵之子，也许正因为如此，他才会拥有超越常人的优雅品质和不凡胆识。

事让加韦完美诠释了身为一个骑士应该具备的美德。

第一个故事名叫《加韦和朗内尔夫人》。故事是这样的：有一天，卡美洛城来了一位不速之客，她是一个丑陋到极致的凯尔特女巫——朗内尔夫人。这个“令人作呕的”的女巫宣称，要以智慧来挑战亚瑟王的荣誉，而胜负的关键就是一个谜语的答案。

一个骑士，面对挑战决不能退缩，无论面对的是比武还是智力测验。亚瑟王接受了朗内尔夫人的挑战，于是听到一句对男人来说几乎是无解的高难度问题：“女人想要的是什么？”

这句谜语和男人问女人“今天你为什么生气”，或者女人问男人“我穿哪件衣服好看”难度相仿，略低于“我和你妈都掉河里你救哪个”。

所以对于亚瑟王以及圆桌骑士团的一群直男单身汉而言，这个问题根本就是无解的！

幸而女巫答应给亚瑟王一年时间来寻找答案，若到期不能完成就必须满足她的一个条件。

时光荏苒，一年过去了，当朗内尔夫人再度光临时，愁眉苦脸的亚瑟王坦白说自己没找到答案，只好满足她的一个条件。于是丑陋的女巫立即宣布：“我要一个丈夫！”

没想到她居然是到满是光棍汉的廷塔杰尔城堡相亲来了！虽然这里单身狗遍地跑，但朗内尔夫人的目标似乎很明显就是戴王冠的亚瑟（要是这时亚瑟王已经娶妻，那么这个也就难不住他了）。

虽然亚瑟王是盖世英雄，但面对世纪丑女的步步紧逼也不由得王顾左右而言他起来。看着君王有难，圆桌骑士们也纷纷推三阻四，唯恐自己被国王抓去做了背锅侠。

还是加韦为舅解忧，勇敢站起来说：我娶她！

亚瑟王连一秒都没犹豫就恩准了这桩亲事，下令当天就要洞房花烛，唯恐外甥反悔跑路。

勇敢的加韦虽然凭借忠诚的本能做了新郎，但在走向婚床的时候还是怂了。他颤抖地望向自己的新娘，却赫然发现躺在床上的不是丑巫婆而是美娇娘！

朗内尔夫人微笑着告诉丈夫：我受到了诅咒，每天只有一半时间可以恢复原貌。你是我的丈夫，可以选择让我在夫妻独处时美丽，或是面对你的君王同僚时美丽，你要怎样选择呢？

加韦左思右想之后，给出了自己的答案：这事应该由你自己做主，这是你的自由。

朗内尔夫人欣喜异常地宣布咒语解除了，因为加韦的回答正是谜语的谜底！女人想要的就是自己做决定！

如果说加韦的新娘故事是中世纪时期女权觉醒的萌芽的话，那么接下来这则由爱尔兰神话《阿尔斯特故事》中记载的《加韦和绿骑士》则是对人性的严格考验了。

故事依旧发生在卡美洛城这个是非之地，在亚瑟王的新年宴会上，忽然闯入一个穿绿衣绿甲，骑绿马持绿斧的巨人骑士。

这位猛男可不是绿色和平组织的代表，凯尔特神话中新年是仙界与凡界交替的日子，所以才会有亡人节这种为此时而设立的特殊节日。绿骑士的形象似乎来源于丰收与森林之神赛尔农诺斯，他向在场所有骑士发出了特殊的挑战：你可以砍下我的头，一年零一天后我再砍下你的头！

毫无疑问，绿骑士的挑战一定是个坑。但身为骑士，明知是万丈深渊也不能怂啊……于是在一片尴尬的沉默中，还是加韦站出来迎接挑战。他接过绿斧一下就砍掉了绿骑士的头颅，无头的绿骑士二话不说捡起自己的首级就骑马回去了……

这下惨了，加韦很肯定自己没有类似的本事，但身为骑士，一诺千金，一年后他只好到与绿骑士约好的地点绿教堂受死。

就在前往绿教堂的路上，加韦经过了一个古堡。古堡里住着一对热情的夫妇，他们告诉加韦，绿教堂距此不远，邀他暂且住下。

加韦很感激，但古堡男主人提出一个奇怪的条件：每天白天他要外出打猎，晚上将拿猎物与加韦得到的东西交换。

从第一天开始，当男主人离开后，美丽的女主人便对加韦百般引诱，

在卡美洛城亚瑟王的新年宴会上，忽然闯入一个穿绿衣绿甲，骑绿马持绿斧的巨人骑士。他向在场所有骑士发出了特殊的挑战：你可以砍下我的头，一年零一天后我再砍下你的头！

关于加韦和绿骑士的故事，几乎是圆桌骑士团传说中流行最广的一段

加韦坚定地拒绝了对方不道德的示爱，但当女主人可怜兮兮地表示希望吻他一下时，他考虑到女士的自尊心便接受了。

到了晚上，两手空空的加韦面对满载而归的男主人，只好尴尬地献上激情一吻……如此这般到了第三天，女主人送给加韦一条绿腰带，说系上它可以刀枪不入。加韦忽然想到绿骑士之约，于是收下了这份礼物。到了晚上他没有把腰带拿出来交换，而是对男主人报以三个热吻。

第四天，加韦出发前往绿教堂，绿骑士早已等候多时了。

加韦伸出脖子等着人家来砍，绿骑士也不含糊，“唰唰唰”就是三斧子。前两斧真没伤到加韦分毫，只是第三斧轻微砍伤了他的头皮。

这时候绿骑士显出了真容——正是古堡的男主人！

“我是贝尔西拉克，是你姨妈仙女摩根的骑士，她派我来检验圆桌骑士的品德！”绿骑士大声说道：“你做得还可以，只是你不该保留那根腰带，现在我们之间的友好关系被破坏了！”

原来绿骑士的前两斧是奖励加韦的不受诱惑，第三斧是轻微惩罚他的自作聪明。

等到加韦返回卡美洛城如实叙述了事情的整个经过之后，亚瑟王便下令让所有圆桌骑士以及宫廷妇女都佩带绿色腰带，以纪念这一事件。

三　加韦的善与恶

法国人创造出了兰斯洛特，而加韦的出现则要归功于威尔士传说。

在英国作品中，加韦是个完美的骑士标杆，他的每一桩传奇都是其他圆桌骑士的教科书。但法国作家们似乎对加韦这个角色持否定态度，他们创作出大量抹黑加韦光辉形象的恶毒故事，宣称加韦并不是符合基督教教义的骑士典范。

12 世纪时，以诗人克雷蒂安·德·特罗亚为首的法国作家热衷于将加韦描写成一个举止轻佻、色迷心窍的花花公子，并且他还是一个酷爱杀戮、有违道德的屠夫。在特罗亚著名的五部圣杯题材作品中，加韦竟然作为反面角色出场以衬托兰斯洛特的光辉形象——当然，为了衬托兰斯洛特这位法兰西英雄，在长诗中就连亚瑟王都是可有可无的配角。

在其他法国作家撰写的圣杯题材小说中，加韦有时也能做主角，但注定是有缺陷的主角，例如他不能通过上帝的荣耀来看清自己寻找道路上的错误，对一切邪恶都采取杀光的手段。让圣杯判定他是一个为了达成目标不惜一切代价的偏激战士，从而导致他最终与圣杯擦肩而过。在其他一些故事中，加韦甚至不幸地成为滑稽戏般的配角。

以中世纪法国人的眼光来看，加韦终其一生也无法达到兰斯洛特那般的高度——这个古板的英国佬根本不懂拥有健硕无敌的体魄和略有瑕疵却不乏高尚的德行才是骑士精神的最高境界。

就算是在《马车上的骑士》这部著名作品中，加韦虽然与兰斯洛特一同出场，却始终是一个莫名其妙的挚友配角。当兰斯洛特需要马匹时，萍水相逢的加韦将自己的坐骑慷慨相赠；当兰斯洛特不在场而他的仇家打上门时，加韦自告奋勇顶替出战……诸如此类的描写，让加韦像个深深爱上兰斯洛特的知心大姐一般。

在海峡的另一边，以威尔士人为首的英国文学界坚定地站在法国人的对立面。他们笔下的加韦完全取代了兰斯洛特的地位，稳坐圆桌骑士团首领之位。

在 11 世纪中叶的威尔士散文故事集《马比诺吉昂》中包含有四个后来形成 “亚瑟王传说”的古老故事原型，其中《库尔威奇与奥尔温》是威尔士最早的关于亚瑟王的故事。颇为有趣的是在这个故事中亚瑟王并非主角，加韦则第一次出现在文学舞台上。

威尔士人认为加韦不仅是骑士团领袖，更是王朝元老——他与凯、贝德维尔都是亚瑟王的童年伙伴，陪着亚瑟一刀一枪打下了英格兰王国的江山。

爱尔兰人则认为加韦的故事原型应该是爱尔兰神话中的英雄库丘林，他才是凯尔特精神的真正体现者。

当兰斯洛特与格温娜维尔的私情败露后，加韦的第一反应不是上报亚瑟王而是试图阻止自己的兄弟加雷恩和莫德雷德跑去曝光这桩丑事。毫无意外，加韦也不在事后鼓噪要求处死王后的那批圆桌骑士当中。当格温娜维尔被判决烧死在火刑柱上时，亚瑟王按照传统打算派出自己最优秀的骑士做监斩官。尽管加韦忠诚于自己的君王，但他坚决拒绝执行这项命令。

造成加韦对兰斯洛特由爱转恨，由正面角色转向反面角色的关键也正是这场火刑。兰斯洛特劫法场时杀光了在场的所有圆桌骑士，其中也包括加韦的弟弟加雷恩和其儿子们。听到这个消息后，自责与仇恨让加韦变得疯狂，正是他的坚决要求复仇的主张促使亚瑟王率军渡海，远征法兰西。

国王离境后，阴谋家莫德雷德立即发动政变，篡位上台。

从这里开始，出现了关于加韦的两种结局。

在以克雷蒂安·德·特罗亚为代表的法国版本中，加韦为了替自己最爱的弟弟加雷恩报仇而找到兰斯洛特决斗。

与其他圆桌骑士相比，加韦的神奇之处在于他是凯尔特太阳神的化身，在很多威尔士传说中加韦的体力会在正午时达到平时的三倍，在黄昏时开始陷入虚弱——特罗亚在描写加韦与兰斯洛特的比武时也有类似的描述。他写道，由于在童年时受过圣徒的赐福，所以没人能在正午时击败加韦。所以在特罗亚版的加韦最后一战中，兰斯洛特感受到每当阳光更强烈一些，加韦的“恶意”也愈加高涨几分，“就如同一个从地狱里面来的恶魔一般”。

虽然英格兰的骑士强大到无法击败，但聪明的法兰西英雄采取剑与盾结合的防守策略，熬过了三小时的漫长战斗。当太阳开始落山时，加韦的力量渐渐衰弱下去，兰斯洛特趁机大举反击，用一记重击给挚友在头部造成了致命伤。

流传在英国、德国、荷兰、比利时等国度的传说则对加韦的结局另有描述：为自己成为叛徒的帮凶而懊悔不已的加韦愤怒地讨伐篡位的叛国者，他在与莫德雷德交战时负了重伤。这位高尚的骑士在临终前写信给兰斯洛特，为自己的行为表达了歉意，并请他率领法军来支援亚瑟王的复国之战。

写完信件后，英格兰的英雄加韦与世长辞，但他的英灵依旧守护着亚瑟王。就在亚瑟王率军前往最后的卡姆兰河谷战场的前夜，加韦的亡灵出现在自己的君王梦中，反复忠告：兰斯洛特正率领法军昼夜兼程赶来支援陛下，在他抵达前请不要与莫德雷德开战！

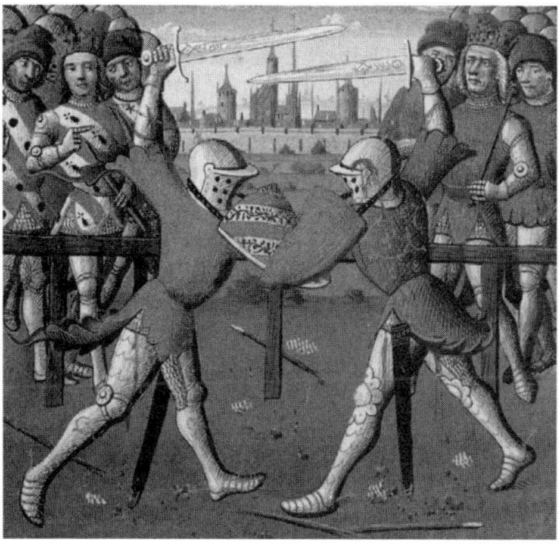

加韦与兰斯洛特的生死之战

为了拯救与兰斯洛特私情暴露而即将被绑在火刑柱上烧死的格温娜维尔，兰斯洛特杀死了在场的所有圆桌骑士，其中包括加韦的弟弟加雷恩及其儿子们。为了给弟弟报仇，加韦要求与兰斯洛特决斗，最终死于兰斯洛特之手。

可叹亚瑟王虽然听从了外甥的忠告，但在为了争取时间而与莫德雷德进行尔虞我诈的和谈时，一位圆桌骑士拔剑杀死企图袭击自己的毒蛇，这一举动引起了连锁的误会，一场命中注定的血战还是开始了……

加韦是幸运的，因为已逝的他不用目睹自己那些圆桌兄弟们自相残杀，也无须见证自己那位伟大君王的陨落。他的故事至此结束，这位散发着人性光辉的骑士永远都是一位高贵而感性的英雄。

第六节　亚瑟王朝的仙女们

在中国的神话传说中，仙女总是多情多义的风流种子，这些女郎在天上宫阙独自品味数不尽的孤独寂寞冷，她们身上捆着道不清的清规与戒律。总有一天，或是寒月激起身世之感，或是瞥见凡尘中一见钟情人，那么不管是怎样的清规捆仙绳，多强的戒律缚妖索，都不管不顾地挣脱开，带着满身的累累伤痕，拼着性命不要也要下凡去也！

说起来，凯尔特的仙女们也一样喜欢卷入凡尘俗世，但她们不像中国的七仙女心上只有一个董郎，也不是三圣母只挂念着自己的沉香。在亚瑟王传说中，仙女不仅屡屡与亚瑟王和圆桌骑士们掀起爱恨纠缠的风波，更主动涉足宫廷内斗和朝廷政事。

凯尔特神话中的这些仙女与其说是不谙世事的仙子，倒不如说是掌控世界的神灵。在凯尔特神话中，时常会提及神祇化为人形与凡尘交流的事例。例如在爱尔兰传说中的神灵们喜欢身穿精美长袍，骑着银鞍白马在人间穿梭，他们往往会把相中的凡人绑架到自己居住的冥界里去。

在亚瑟王传说中，出现最频繁的两位仙女分别是摩根和薇薇安。这两个角色在亚瑟王传说的历史进程中起的作用可谓举足轻重，整个亚瑟王朝的兴盛与衰亡几乎都有这两个仙女在幕后默默策划指挥。由于存在不同版本的故事，所以很难对她们的立场进行善与恶的评价，只能说她们像木偶师一样，用神秘无比的魔力控制英雄的命运，掌握王朝的兴衰。

在亚瑟王传说中，仙女摩根和薇薇安起到了举足轻重的作用。她们像木偶师一样，以神秘无比的魔力控制英雄的命运，掌握王朝的兴衰。

凯尔特神话中的仙女总是与魔法、诡计密不可分

一　亚瑟王的姐妹们

通过对前面几篇文章的阅读，读者可能会产生巨大的困惑：亚瑟王传说中的英雄们的身世与彼此之间的亲缘关系怎么没个准呢？

就拿整个传说中的主角亚瑟王与最大反派莫德蒙德来说，究竟后者是前者的私生子，还是外甥？这就是折磨研究亚瑟王传说的学者们数百年的老大难问题，要想理清这个被无数著作反复描写的彼此矛盾的家族谱系，几乎是个不可能的任务。

正好借着仙女这个章节，我们先来梳理一下亚瑟的姐妹吧。

根据“蒙茅斯的杰弗里”的《不列颠诸王记》所述，尤瑟王与王后伊格赖因生下了亚瑟和他的妹妹安娜，后来安娜嫁给了奥克尼伯爵洛特王。在《不列颠诸王记》中，从来没有提到过摩根。

但在同样署名为“蒙茅斯的杰弗里”的作品《维塔·梅林》中，摩根又被算成是亚瑟的姐姐之一，同时她的身份也被确定为是居住在阿瓦隆的女巫。

在威尔士作家杰拉尔德的一部叫作《威尔士之旅》的著作里，摩根是亚瑟的堂姐或是表姐，有些研究者据此认为摩根这一形象源自威尔士传说中名字发音类似的母亲神，但更多的学者认为摩根与爱尔兰神话的女战神摩利甘的渊源更为深厚。

到了12世纪之后，在亚瑟王传说中亚瑟王出现了三个同母异父姐姐：摩加韦斯、伊莱恩和摩根，其中嫁给洛特王的变成了摩加韦斯，又变得没有安娜什么事了……

所以说尊敬的杰弗里等先生们，应该以你们讲的哪篇故事为准呢？

一般认为亚瑟和他的妻子格温娜维尔之间并没有后代，只有克雷蒂安·德·特罗亚在他创作的故事里为亚瑟王夫妇增加了一个叫作洛哈特的儿子。不过后来更多提及洛哈特的五花八门故事又否定了他的母亲是格温娜维尔，这个圆桌骑士的母亲被宣称为是一个叫作莉莎诺的女子。

既然法国人为亚瑟王开了私生子的头，那么后来者自然大受鼓舞，有样学样。在英国作家托马斯·马洛礼笔下，亚瑟王在一次战争获胜后接待前来祝贺的宾客时，见到了萨南伯爵的女儿梁娜丝。亚瑟很喜爱这位贵族小姐，不久后二人生下了一个私生子，取名为波利，后来这孩子加入了圆桌骑士团。在另外的版本中，萨南伯爵小姐的芳名被记载为莉奥诺，她为亚瑟生下的儿子名为波尔。

好了，让我们回到大反派莫德雷德身上，看看他是怎样出现在亚瑟王传奇里的。

早在五花八门的“正规”骑士小说诞生之前的公元9世纪，在罗马人撤离不列颠之后的时代，仅有的知识都集中在教会的僧侣手中。

威尔士的一位教士南尼厄斯寻思着自己在教堂里闲着也是闲着，不如做点研究。虽然南尼厄斯手头缺乏素材，但他却不缺乏想象力。他根据乡野流传的民间传说开始编撰凯尔特英雄传。到底这该算历史还是野史已不重要，重要的是在这位教士笔下出现了亚瑟杀子的故事。

虽然南尼厄斯笔下的亚瑟还不是国王，而且也没提及亚瑟杀子的理由，但这个模糊的故事很可能就是亚瑟王与莫德雷德之间恩怨的原型。

在公元10世纪的一部《坎布里亚年鉴》中，记载了亚瑟和莫德雷德双双在卡姆兰战场死去，但他们到底是同一阵营还是相互敌对并不可知。

在“蒙茅斯的杰弗里”的早期作品中，莫德雷德被描写为亚瑟王的外甥和养子，他是洛特王和亚瑟的妹妹安娜的儿子。但在关于大法师梅林的一系列叙事诗诞生后，莫德雷德忽然变成了亚瑟与同母异父的姐姐莫高丝的儿子。在所有这些故事里，亚瑟都是在不知情的情况下与莫高丝发生了关系，他并不清楚对方是自己同母异父的姐姐。

此外，另外一些传说则认为摩根才是莫德雷德的母亲。

在上述所有作品中，了解莫德雷德身世的只有他的母亲和能预知一切的大法师梅林。虽然关于他的母亲究竟是谁仍未有定论，但后来主流的传说故事都将这个玷污了亚瑟王荣耀的黑锅丢给了充满异教徒意味的仙女摩根。

从这些混乱的线索中也能看出亚瑟王传说诞生于民间，注定其价值观充斥着凯尔特底层民众的不雅情趣。随着时代的变迁，骑士文化渐渐退潮，便有道学家出面对其大加批判了。15 世纪的意大利学者魏吉尔曾经怒喷亚瑟王的故事放荡不羁，通篇杀戮、通奸、乱伦，委实不适合高尚的上流社会人士阅读。

不过说实话，这份批评也能原封不动地用在希腊神话上。在这个问题上，还是鲁迅先生详说《红楼梦》的话非常恰当：经学家看见《易》，道学家看见淫，才子看见缠绵，革命家看见排满，流言家看见宫闱秘事。

二　凯尔特仙女摩根

在主流的亚瑟王传奇中，仙女摩根似乎总是处在英雄骑士们的对立面。摩根与她的姐妹们不同，她的正式名字中明确带有仙女两字，这就意味着她并非凡夫俗子。

与薇薇安比起来，摩根身上浓厚的凯尔特古宗教气息总让教会感到如芒刺在背。基督教作为排他性和攻击性都非常强的一神教，基本上不会允许一个异教徒形象成为主流故事中的正面人物。这也说明了为何在中世纪的亚瑟传奇故事中摩根出现得相对较晚，却迅速被塑造成一个邪派仙灵的形象。因为当时的作家们既不愿也不敢过分涉及异教信仰的题材，生怕会引来宗教裁判所的关注——虽然被绑在火刑柱上的格温娜维尔获救了，但最疯狂的作家也不会幻想会有圆桌骑士来拯救被教会审判的自己。

在早期的传说中，仙女摩根还拥有正面形象。“蒙茅斯的杰弗里”描写了摩根与自己的姐妹们在阿瓦隆岛上成长的故事，她因为精通变身术、飞行术和医术而闻名于世。正因为摩根极其擅长医术，所以才会在早期的亚瑟王传说中被安排在剧终出场，与自己的两个姐妹一起将垂死的亚瑟王接引到阿瓦隆岛长眠。

从特鲁瓦将摩根描写为亚瑟王同父异母的姐姐开始，这位在早期传说中惊鸿一瞥的善良女神画风突变，忽然作为一个恶毒的仙女出现在亚瑟王的敌人名单上——没错，这又是法国人干的好事。

自特鲁瓦开始，恶毒的仙女摩根便时常用咒语来骗人，她的所有魔力都从救死扶伤转移到掩盖自己的真实年龄、满足自己无止境的邪恶淫欲之上。被黑化的摩根将击败亚瑟并摧毁亚瑟王朝作为自己人生的最大目标，无休无止地使出各种手段折磨圆桌骑士们。正如加韦与绿骑士的故事那般，摩根每隔一段时间就会派出手下去给亚瑟王朝制造难题。

与一般的凯尔特仙灵不同，摩根从不绑架儿童，她只对圆桌骑士下手。在圆桌骑士里面，她又特别喜欢兰斯洛特。在各种版本的故事中，兰斯洛特被摩根用各种花样反复绑架幽禁，虽然仙女诡计百出，但这位法国骑士凭借自己对格温娜维尔的坚贞爱情毫不动摇，每次都让摩根功败垂成。

那么难道是摩根暗恋兰斯洛特吗？在13世纪的诗集《兰斯洛特的圣杯》中给出的答案是否定的。真相只有一个，那就是摩根企图借助兰斯洛特摧毁格温娜维尔！

原来格温娜维尔曾经阻挠摩根与情人的私会，并将其赶出亚瑟王的宫廷，所以才会令这位仙女怀恨在心百般报复。发现了兰斯洛特与格温娜维尔的感情之后，摩根便将主要精力从折磨圆桌骑士转移到揭穿英格兰王后偷情的秘密上来。

为了达到目的并折磨对手，摩根先是向宫廷进献了一只不贞女人使用时会漏水的角杯，又将兰斯洛特在被囚禁期间所画的思念情人的画作拿给亚瑟王欣赏。而这一切手段最终导致了兰斯洛特与亚瑟王的决裂，正是这种内部的分裂摧毁了坚不可摧的亚瑟王朝。

马洛礼在《亚瑟王之死》中对摩根的描写达到了一个恶毒女子手段的最高峰：在亚瑟王参加卡姆兰之战前夜，摩根向自己的情人骑士阿科隆透露说，只要亚瑟王一直随身携带着湖中剑的剑鞘，那么他就不会受伤更不会死去。于是阿科隆盗走了亚瑟王的剑鞘，导致亚瑟王终于死在莫德雷德手下。

三　骑士之母薇薇安

提起薇薇安这个名字，除了大法师梅林可能会面露苦涩之外，几乎所有的圆桌骑士都会齐声赞美欢呼。这位居住在圣湖湖畔的女巫是兰斯洛特的养母，也是亚瑟王朝的朋友。

薇薇安在早期神话中是一位领主，有自己的领地和臣民，而领地的入口是一个大湖。随着亚瑟王传说的发展，薇薇安的领地变成了仙女的国度，她自己也从一位女领主变成了湖之仙女的首领。

作为一个谨慎的仙女，薇薇安几乎从不涉足人世。她需要与兰斯洛特或亚瑟王联络时，总是派出自己属下的女信使。在这一点上，薇薇安与摩根是截然不同的两种作风。

在亚瑟王传说早期，宫廷的首席谋士是大法师梅林，可随着故事的演变和版本的更迭，亚瑟王的谋士渐渐变成了女巫薇薇安。薇薇安的崭露头角与兰斯洛特进入圆桌会议和梅林的神秘失踪几乎同时，于是关于薇薇安是梅林的情人，以及她杀死或囚禁了梅林的故事也随之诞生。

薇薇安的领地在大湖之下，这与凯尔特传说中的冥界遥遥呼应，也说明了薇薇安与死亡的特殊联系。毕竟在凯尔特神话中，人类亡灵要穿越深邃大海后才能进入冥界。

后来，随着摩根这个形象逐渐变成反面角色，阿瓦隆岛成为薇薇安的领地，而她也成为最后接引亚瑟王前往阿瓦隆岛的三仙女之一。

总体来看，薇薇安这个形象的出现要晚于摩根。她是随着兰斯洛特的故事一同出场的，初登舞台的薇薇安一出手就劫持了年幼的亚瑟及其两位堂兄弟莱昂内尔和鲍斯，她悉心照料他们，向这些孩子灌输骑士精神的精髓。

薇薇安不仅是一位教育家，她还是个伟大的军火商。看过兰斯洛特篇章的读者应该对兰斯洛特从养母那里得到的全套装备记忆犹新，其实薇薇安曾经向很多圆桌骑士提供过武器装备——其中最著名的就是她化身湖之夫人赠给亚瑟王的那把湖中剑。

除此之外，薇薇安在制作魔法道具方面极富才华。她所制作的魔法道具或者可以庇护使用者使其免遭伤害，或者可以帮助人们破解诅咒。归根结底，这一切都证明了薇薇安是一位法力无边的强大仙女。她极为擅长用魔法转换人们的性格，她曾将勇敢的骑士变成胆小鬼，也曾将懦夫变成英雄。

提起薇薇安这个名字，除了大法师梅林可能会面露苦涩之外，几乎所有的圆桌骑士都会齐声赞美欢呼。这位居住在圣湖湖畔的女巫是兰斯洛特的养母，也是亚瑟王朝的朋友。

与亚瑟王初次接触时，薇薇安用的名字是湖之夫人

薇薇安将湖中剑赠送给亚瑟王

总体来说，薇薇安用魔法劝人向善，让人的心灵走向正义和光明。

这也是她在亚瑟王传说中受人喜爱的缘故，无论在什么时代，一个正义的朋友总是受欢迎的。

第七节　圆桌和圆桌骑士们

圆桌骑士是围绕在亚瑟王旗帜之下的一个著名武装团体，从某种意义上来说非常像是凯尔特版的水泊梁山一百单八条好汉。在古老的传说中，如今悬挂在温彻斯特城王宫大厅里的那面大圆桌不仅是亚瑟王妻子格温娜维尔的嫁妆，更是一百五十名欧洲各地的豪杰们围坐议事的办公桌。

圆桌的含义是平等和团结，在圆桌上没有地位差异和君臣之别。正是由亚瑟王传说起，才诞生了所谓“圆桌会议”这个特殊名词。各位代表的席位不分上下尊卑，着重体现与会者地位平等和协商精神。与圆桌精神正相反的是《水浒传》中一百单八将排座次的例子，孰先孰后，孰左孰右，马虎不得，造次不得。大家虽是被逼上梁山，但聚义厅里各位兄弟之间仍然尊卑有序、大有讲究。

圆桌会议的概念非常具有普世精神，得到全球各个国家的广泛认同。例如著名的联合国安理会就是按照亚瑟王传说中的圆桌会议形式进行布置的，一个“圆”字表明了各国无论强弱、贫富、大小，都可以在联合国旗帜下获得平等地位。

一　亚瑟的英雄们

用一句话来概括圆桌骑士们的来历的话，那就是先有圣杯，后有骑士团。

大家公认“蒙茅斯的杰弗里”所著的《不列颠诸王史》是亚瑟王传说的主要源头，杰弗里老先生描绘了亚瑟王内统不列颠外御撒克逊，占领法兰西远征古罗马，简直是亚历山大大帝再世，恺撒、屋大维重生。只可惜奸贼莫德雷德叛乱篡位，害得一代英主就此陨落。在这个古典版“爽文”

故事集中的很多情节都成为后世有关亚瑟王传说的蓝本，只不过书中一没提过圣杯，二没讲过圆桌骑士团。

当亚瑟传奇中的圣杯概念被法国人炒热以后，圆桌骑士团的概念便随着圣杯题材一并发展起来。例如号称“酒鬼伯隆”的罗贝尔这个骑士文学的狂热粉丝积极推动了亚瑟手下的骑士们寻找圣杯的传奇。此后，在不同国度的不同作家笔下，诞生了一个个寻找圣杯的圆桌骑士。这些英雄随着时代累积如滚雪球一般越来越大，最终在托马斯·马洛礼编写成《亚瑟王之死》时，形成了成体系的圆桌骑士组织。

在有些亚瑟王传说中认为亚瑟王本人就是个骑士故事的狂热粉丝，他下令圆桌骑士们每天都必须出门冒险，然后在晚饭前逐一听取这些骑士们汇报当天行侠仗义的具体情况，每天不听完这些骑士的奇遇故事就吃不下饭。

在这种氛围中，当圆桌骑士们知道有圣杯这等神物之后，自然是奋勇争先蜂拥而去，留下没故事好听的亚瑟王坐在大圆桌前发呆了。

欧洲传说中大圆桌能坐下的人数并不确定，主要有十二人和一百五十人之分，此外还有二十、二十四、三十二、五十、一百二十八等不同数字，最夸张的数字是一千二百——说起来欧洲的民间故事也真是够随心所欲的。十二人之说可能是受到《圣经》中耶稣十二门徒和查理曼大帝帐下十二名大骑士的法兰克民间故事影响，其实所谓十二人指的是亚瑟王传说中排位靠前的十二名大骑士，江湖地位颇有点类似《射雕英雄传》里面的南帝北丐中神通。而一百五十人之说则被托马斯·马洛礼在他的《亚瑟王之死》中侧面得以印证，书中曾提到大圆桌本是亚瑟之父尤瑟王特制的，能围坐一百五十人之多，又提到格温娜维尔在嫁给亚瑟时除了带来大圆桌之外，还另加一百五十名护送的骑士云云。

骑士们的圆桌会议暗藏玄机，这个“平等”二字并非字面意义上那么单纯。例如骑士们在大圆桌自己的位置上标注姓名，只有一个特殊的没有标出姓名的空位，那里是为将找到圣杯的完美骑士预留的。一旦有人大咧咧坐上去又被上帝判断为不合格的话，就会有杀身之祸。

圆桌骑士团

圆桌骑士团中的骑士们多数彼此之间都有亲友关系，这也符合欧洲传统意识形态中贵族血统纯正与高贵的要求。这些骑士为欧洲的骑士精神下了定义。圆桌骑士团有大家都共同遵守的誓言，每一个成员在加入时都要发誓遵守。

既然有了姓名标注，那么在大圆桌上落座时大家都要按规矩来，低级骑士不能随便坐在高级骑士的位置上。骑士的座位也随着身份变化而进行微调，例如圆桌骑士珀西法尔最初就在“二等座”上落座，等到他有一定声望后就被升舱到那个“空位”旁边就座。坐在这里可不是什么好事，万一哪天一疏忽坐错了位置，分分钟就有蒙主召唤的危险。

这个位置后来给了兰斯洛特之子加拉哈德，这位被称为“最纯洁的骑士”的年轻人一加入圆桌会议就坐在那个命中注定的位置上。他果然找到了圣杯，而他的灵魂也被天使簇拥着飞上了天堂。

大部分圆桌骑士们彼此之间都有亲友关系，这也符合欧洲传统意识形态中贵族血统纯正与高贵的要求。当然这也让他们彼此之间更容易拉帮结派各立山头，但总体而言，在亚瑟王在位时，圆桌骑士们还是可以做到精诚合作的。这是因为圆桌骑士团有共同遵守的誓言，每一个成员在加入时都要发誓遵守。流传至今的圆桌骑士誓言版本大多源自托马斯·马洛礼之手，其誓词大致如下：

永不施暴、永不谋杀；

永不叛国；

永不冷酷，宽恕自己的敌人；

总是给予女士以援助，永不胁迫女士；

同情苦难的人民；

为世人的利益万死不辞；

骑士只参加正义的战争！

当然，这些誓词在不同的故事版本中各有不同，例如有些传说就特别强调圆桌骑士们必须保护教堂，反对教会的敌人。至于这些话是谁塞进故事里去的，简直不用再问了……

在中世纪的骑士故事中都会强调几乎所有的骑士都遵守誓言，维护着圆桌骑士的荣誉。但我们看看亚瑟王故事的结局，这句赞美的话真是反讽意味十足。

二　风流骑士物语

光凭荣誉和信仰是编不出好故事的，古今中外所有的传奇故事基本都是一个套路：美女爱英雄。在中世纪欧洲贵族阶层，尤其是贵妇人阶层，非常流行所谓的“风雅爱情”。这种风雅爱情是将基督教对于圣母马利亚的崇拜延伸至凡人身上而产生的，即要求仰慕者以对待圣母般的情怀去爱自己的心上人。有了这种精神需求，就无怪乎骑士传奇中会有那么多英俊多情的骑士和倾国倾城的贵妇了。

一般只要抓住“贵族传统”“善解风情”“优雅谦逊”这三点核心要素，再加上骑士和贵妇这一对主角，攒出一部中世纪版本的爱情冒险传奇大片简直是手到擒来。

6 世纪时的诗人福图纳曾经写过这样的诗句来赞美精神恋爱：

我以恭顺且忠诚的心崇拜您，

以上天般的诚挚情谊，

毫无肌肤之亲，

在我内心爱的并非肉体，

而是我精神所期待的激情。

到了 12 世纪时，安德烈・勒・夏普兰在《爱情论》一书中记载了圆桌骑士们的爱情宪章：一个不列塔尼的骑士在亚瑟王王宫接受挑战后得到的奖品是“鹰奖”，即放在长长鹰杆上的一张“爱情宪章”。

这份亚瑟王朝的爱情宪章是如此规定的：

婚姻不是不能爱人的有效借口；

善妒的人不会享有爱情；

没有人可以同时拥有两份爱情；

爱情会不断地增加或减少；

不顾别人感受而硬抢来的爱情是索然无味的……

考虑到这本《爱情论》成书时亚瑟王传说早已诞生，简直让人怀疑作者是不是故意拿圆桌骑士的故事做反讽的例子。骑士中固然有加韦那般的正人君子，也有加拉哈德这般不谙世事的纯洁少年，但让读者印象更深刻的一些骑士爱情故事却几乎违反了上述爱情宪章的每一个条款。且不提亚瑟王、格温娜维尔与兰斯洛特之间的三角纠葛，其他一些圆桌骑士也同样不是不食人间烟火的泥胎木偶，他们对于追寻爱情和幸福甚至比寻常人更为执着和激进。

也正因为如此，亚瑟王传说才能在欧洲流传数百年而经久不衰——没有群众喜闻乐见的内容，又怎能称得上是合格的文艺作品呢？

与兰斯洛特一样，圆桌骑士中的伊万这个角色也是由法国作家特鲁瓦创造出来的。下面的骑士爱情故事首先要从伊万的传奇讲起……

虽然伊万听起来不像是一个不列颠人的名字，但他千真万确是有自己的历史原型的。在不列颠西南部曾有一个叫作雷格德的凯尔特人王国，公元 6 世纪末期的父子两代国王尤里安和欧文都是率军击败撒克逊入侵者的民族英雄，其中的欧文便是伊万的原型。

虽然伊万是法国人笔下的角色，但稍后时代的英国作家毫无顾忌地将其挪用过来，并且为伊万恢复了欧文这个凯尔特原名。于是在英法两国的亚瑟王传说中就出现了有趣的双胞胎案，伊万和欧文的身世一样，具体的传说也基本类似，只是名字一个是英伦风一个是欧陆风而已。

英国作家笔下的伊万加入了奥克尼部落，他成为加韦的堂兄弟，甚至他的母亲也变成了仙女摩根！在骑士故事中的伊万对亚瑟王非常忠诚，卡姆兰之战中他是公认的为守护亚瑟王而慷慨牺牲的最后一名圆桌骑士。

特鲁瓦在《伊万或狮子骑士》中讲述了伊万为了给自己的骑士兄弟出头，前往不列塔尼的布罗塞利昂德丛林，将把守神泉的红发骑士埃斯柯拉多斯打成重伤。埃斯柯拉多斯拼命逃回城堡，伊万不依不饶地紧追不舍。结果当他冲进大门的一刻，城堡吊桥落下来砸死了他的马。

被困住的伊万得到侍女小月搭救，见到了“世界上最美丽的女人之一”的城堡女主人劳汀。伊万对刚成为寡妇的劳汀一见倾心，立即狂热地爱上了她。要注意伊万的爱情可不是什么精神恋爱，他打算娶了寡妇，做城堡的新主人！

在这里小月扮演了红娘角色——这位姑娘不得了，她是被公认为法国古典文学中狡黠仆从的经典原型人物。在特鲁瓦笔下，可爱俏皮的小月认定伊万会是一个更优秀的男主人，于是用尽手段去让女主人接受杀夫仇人伊万的爱。

在为什么小月会帮助伊万这一点上，后来的法国民间传说做了进一步的交代，据说小月是个可怜的孤儿，曾受过伊万的照料，所以才会如此报恩。

现在回到特鲁瓦的故事中。小月运用魔法和口才成功说服了女主人，终于让伊万得偿所愿。

但后来伊万为了前往卡美洛城追随亚瑟王而离开了自己的妻子，他许诺一年之内返回，但等他返回时早已逾期多日，结果劳汀无情地将他拒之门外，还一并惩罚了做媒的小月。

失去家庭的伊万一度精神失常，他漫无目的地流浪，从巨龙爪下救出了一头狮子。从此狮子忠诚地陪伴着他走遍四方，为伊万带来了“狮子骑士”的绰号。

在中世纪的传说中，狮子刚出生时没有生命，经过三天后才会复活成为小狮子，所以教会经常用狮子来比喻耶稣，而伊万拯救狮子象征着他选择了基督信仰。圆桌骑士中与狮子结缘的有很多，包括亚瑟王在内有三位“圆桌骑士”被称为英格兰雄狮，而类似伊万这样找到狮子朋友的，还有一位帕尔齐法尔。

《伊万或狮子骑士》中的伊万有个美好的结局，他再度拯救了小月，并且最终得到了劳汀的原谅。他回到阔别多年的布罗塞利昂德城堡中，和劳汀、小月，还有那头忠诚的狮子幸福团聚在一起。

威尔士版本的欧文故事《清泉夫人》，几乎完全复制了伊万的故事，在这里同样有美丽的寡妇、机智的女仆和报恩的狮子。此外在如《朗纳布怀的梦》等故事中，欧文的动物朋友被替换成更有凯尔特文化色彩的渡鸦。在凯尔特神话，尤其是爱尔兰神话中，人们相信渡鸦和乌鸦都是象征死亡的不祥之鸟。这样一来，故事中关于欧文和亚瑟王在卡姆兰之战后在仙境中下棋的情节，就充满了主角归宿的暗喻。

如果说伊万和劳汀的故事是杀夫夺妻的粗暴爱情的话，那么特里斯特

特里斯特拉姆在为叔父康沃尔的马克王迎娶妻子时，与爱尔兰公主伊瑟发生了私情。两人死后被埋葬在一起，多年后，从特里斯特拉姆胸口长出了一株葡萄藤，从伊瑟的胸口长出一株玫瑰，两株植物互相缠绕，生死不离，这个传说后来成为中世纪的经典爱情象征。

毫无疑问，伊瑟不爱这桩包办婚姻为自己带来的丈夫

特里斯特拉姆与伊瑟喝下相爱酒

拉姆与伊瑟的故事直接就是通奸偷情了。

有些研究者根据威尔士传说认为，皮克特国王塔洛尔克的儿子德拉斯特就是特里斯特拉姆的历史原型。这位 8 世纪时的凯尔特小人物在历史上没留下什么惊天动地的事迹，但从他形象中衍生出来的圆桌骑士却在风流史上留下了坚实的足迹……

特里斯特拉姆是苏格兰人，他的父母是里昂奈斯王夫妇。他所在的国度是个地图上小到简直需要用放大镜寻找的弹丸之地，而他出生时的命运更是悲惨：里昂奈斯王后生育时难产，在弥留之际给自己的儿子取名为特里斯特拉姆，在凯尔特语中这是“悲伤之子”的意思。

不管怎样，成年后的特里斯特拉姆还是成为一个英武的青年。他在自己的叔父康沃尔的马克王那里被封为骑士，紧接着就奉命去爱尔兰接回自己未来的婶婶，也就是马克王的未婚妻——公主伊瑟。

当时爱尔兰正遭受外敌入侵，形势危急，恰好赶到的特里斯特拉姆二话不说提剑参战，以盖世无双的骁勇打败了敌人，从而赢得了公主的爱慕。爱尔兰王后希望女儿嫁到苏格兰以后能够与夫君恩恩爱爱白头到老，于是拿出了传家之宝“相爱酒”——从其服用效果来看，似乎翻译成“奇淫合欢散”更为妥当。

在回康沃尔的海船上，伊瑟公主和特里斯特拉姆坐在甲板上聊天聊到 High，竟然把 “相爱酒”拿来分着喝了。这下可好，孤男寡女干柴烈火，好一通灵与肉的结合……

等到酒醒了，两人傻眼了——男方成了背叛君王和背叛叔父的双重罪人，女方也成了败坏国家荣誉毁灭政治联姻的千古淫娃！因为这桩婚姻涉及两国之间的合约，所以不是伊瑟公主和特里斯特拉姆干脆私奔就能解决问题的。

前面我们提到过，就连法国贵族也是强调新娘在婚前贞洁的，更别说是彪悍的苏格兰人了。于是伊瑟和特里斯特拉姆想来想去，想出用公主的侍女布朗温狸猫换太子的计策。就在马克王的新婚之夜，喝得醉醺醺的新郎稀里糊涂地度过洞房花烛夜，还以为自己的新娘是完璧处子呐。

按说这次糊弄过去以后两人应该吸取教训安分守己，但谁承想相爱酒药效甚强，两人偷情上瘾不断幽会。天下没有不透风的墙，很快就有侍从提醒马克王说：他俩一起去果园游玩的次数过分多了吧？

马克王半信半疑之下，决定躲藏在一棵果树上一窥究竟。结果马克王在水中的倒影被厮混的两个人发觉，他俩便在马克王眼皮底下演出了一场做作的好戏来证明清白。这一幕叫作《树下的特里斯特拉姆》，成为中世纪文学作品中的经典段子。

但马克王不是弱智，伊瑟不忠的罪行最终还是败露了。责问之下，伊瑟高调声称愿意接受上帝的考验，站在一块烧红的烙铁上证明自己的清白。在前往教会接受审判的路上，这位王后忽然将自己的戒指施舍给一个乞丐，趁机碰了一下乞丐的手，而这个乞丐正是她的情人假扮的。

于是在站上烙铁之前，伊瑟向上帝发誓说除了自己的丈夫和一个乞丐之外，自己没碰过任何一个男人的手。这种诡辩居然瞒过了上帝，让她通过了审判。

关于伊瑟和特里斯特拉姆的结局有非常多的版本。在中世纪的散文版本中，马克王趁特里斯特拉姆为伊瑟弹奏竖琴时，用刀从背后刺死了侄儿。在亚瑟传奇的诗歌版本中，则讲述了马克率兵偷袭正在幽会的特里斯特拉姆和伊瑟，特里斯特拉姆身受重伤，逃回布列特尼。在生命垂危之际，他托人传信给伊瑟，希望她能来见自己最后一面，如果她能来就在船上挂白帆，如果不能来就挂黑帆。伊瑟冲破马克王的阻挠前去看望自己的情人，但匆忙中船长忘记升起白帆，结果特里斯特拉姆遥望着海上的黑帆绝望而死，而伊瑟也因为悲伤过度死在情人身边。两人被埋葬在一起，多年后从特里斯特拉姆胸口长出一株葡萄藤，从伊瑟胸口长出一株玫瑰，两株植物紧紧缠绕生死不离——这个传说后来成为中世纪关于爱情的经典故事。

细品伊瑟和特里斯特拉姆的故事，在传统的道德批判之外，这对追求真爱的情人得到更多的是读者给予的同情和谅解。数百年来，无数读者曾为他们的结局而叹息，为他们的爱情而流泪。

第八节　圣杯之谜

让我们做个小测试，提问：按人均财富计算，世界上最富有的国家是哪个？

答案是：梵蒂冈。

自公元756年“丕平献土”以来，梵蒂冈究竟有多少财产一直是个谜。因为教皇国从不公布自己的账簿，所以迄今无人破解。

教皇和商人，似乎是风马牛不相及的两个概念。可只要翻翻历史书，就会看到欧洲历史上最大规模的几次倾销都是教皇发起的。例如中世纪时历任教皇都认为自己应该在人间就享受到天堂般穷奢极欲的生活，所以多次出现过教皇把教廷国库挥霍一空的记录。

当然，破产这事与教皇无关，教会有的是办法从自己的信徒那里捞钱。在各种搜刮钱财的营销手段中，赎罪券就是一个绝妙的方法，它的发明者是博义八世教皇。1300年，手头正紧的博义八世为了推动罗马的旅游业，宣布凡到罗马朝圣的信徒可免除受洗以后所犯的罪——哪怕是杀人放火、大逆不道。古代交通不算便利，所以响应者寥寥无几。于是博义八世又出一招，宣告凡未能亲身到罗马朝圣者，可用金钱代替。到了教皇西克斯特四世的时候，干脆在1476年宣布生前行为不端者死后要先入炼狱，生者应为他们购买赎罪券以减轻痛苦。赎罪券自此获得最高权威认可，在欧洲各地卖得好像福利彩票一样红火。

除了赎罪券以外，还有一桩圣物走私的买卖也很红火。与赎罪券不一样，圣物走私的销售对象在教会内部，准确地说是由教皇卖给世界各地的教堂。

在中世纪，作为一家说得过去的教堂，怎么也得有点基督留下的圣物坐镇。例如钉死耶稣的真十字架的木屑、耶稣裹尸布的残片之类，这些东西大多是从阿拉伯人手里贩来，经过梵蒂冈认证的金牌A货。时间长了，教堂的主教们也会疑惑：全欧洲收藏的真十字架木屑凑起来都快够一棵参天大树了！于是梵蒂冈便会下发文件做一本正经的解释：因为圣灵的神力，所以真十字架被取下碎屑后可以自动复原！

细数起来，中世纪在各国教堂和王室之间倒买倒卖的圣物还有将耶稣钉上十字架的圣钉、沾染过耶稣之血的圣枪等等，甚至还有好多块圣包皮！

这样算下来，在以耶稣之名而被称为圣物的东西中，一直没见踪影的屈指可数，而圣杯就是其中一个。

一　神秘的圣杯

说起来，在基督教认定的圣物当中，圣杯还算比较靠谱的。毕竟关于最后的晚餐的故事无论是在《圣经》还是在艺术作品中都广为人知。即使我们从日常生活角度来推测，也必然得出结论：耶稣及其门徒在人间生活时必定要使用日常餐饮器具，所以圣杯本身存在过是毋庸置疑的。

但为什么最后的晚餐用过的餐具中只有圣杯流传后世，没听说有什么圣碟子圣碗圣刀叉呢？原因就在于基督之血：基督教最为常见的礼仪之一是“圣餐”，仪式中人们饮用红葡萄酒来代表接受基督之血。按照基督教传说，罗马百夫长朗基努斯曾用长矛插入基督身侧以确认他的死亡，当时约瑟夫就拿来基督在最后的晚餐中用过的酒杯以承接流出的血液。所以在基督教教义中的圣杯，是在耶稣殉难时用来接顺着十字架流下的耶稣之血的器具——即所谓的“十字架圣杯”，因此才会如此神圣。

当然，就像所有的传说故事一样，对同一事物在不同的地方有不同的解释。圣杯其实只是一个概念，并不是说它肯定就是某个酒杯。例如有版本认为圣杯是一个深底的碟子、一盏外形花哨的神灯、两个小瓶子或者干脆是一块神石。

根据我们对古罗马时代刑场的想象，似乎最后一种最有可能。不过中世纪时绝大多数信徒都认为圣杯就是一个神秘的酒杯，所以在亚瑟王传说中凡是涉及圣杯的时候，大致上也都是如此描述的。

虽然在圣杯的故事中存在大量的非基督教教义的成分，但它的本质却依然是由宗教人士编纂出来的基督教寓言故事大全，并受到梵蒂冈的官方认可。所有圣杯故事的核心都在讲述对上帝的崇拜，所有受到故事传播地

在寻找圣杯的路上，圆桌骑士创造了无数传奇

遵循历史的脉络，我们可以发现中世纪的圣杯传说热与十字军运动的起落同步。当欧洲人热情地投入十字军远征行动中时，关于亚瑟王率领圆桌骑士参加十字军的传说也随即出现。纵然十字军运动几起几落连遭挫败，但圆桌骑士追寻圣杯的纯洁与虔诚还是在一定程度上帮助欧洲人恢复了士气和信念。

古代异教迷信成分影响的内容，都被教会人士改头换面以更好地体现基督教精神。

十字架圣杯的传说是典型的宗教洗脑产物，在基督教传播早期就已经被狂热的传教士当成显圣的范例反复提及，一个常见的小手段就是由传教士或神父在宗教仪式中表演圣杯可以将葡萄酒转换成耶稣之血。

圣杯的故事在推广过程中不可避免地会与各地的古老传说相融合，最后让欧洲各地都流传着彼此关联的关于触碰过耶稣之血的圣物的传说。就像亚瑟王传说中也曾提到圣杯令国王的麻风病痊愈，甚至是令死者复活——按说这是典型的异教信仰罪证了。

遵循历史的脉络，我们可以发现中世纪的圣杯传说热与十字军运动的起落同步。当欧洲人热情地投入十字军远征行动中时，关于亚瑟王率领圆桌骑士参加十字军的传说也随即出现。纵然十字军运动几起几落连遭挫败，但圆桌骑士追寻圣杯的纯洁与虔诚还是在一定程度上帮助欧洲人恢复了士气和信念。

当然，并不是所有的欧洲百姓都吃这一套，否则也不会有乔万尼·薄伽丘的《十日谈》里，马台利诺装成拐子去触碰圣者遗体来嘲弄众人的故事了。不过话说回来，在任何时代头脑清醒都是少数派的标志，正如马台利诺故事的结局那样，发现受嘲弄的信徒们不是反思自己的迷信，而是恼怒自己的信仰被调戏而大打出手。

二　圣杯传说

在凯尔特神话中，有些元素与基督教的圣杯传说暗合。例如在威尔士的《佩雷多》等神话传说中，战士们受伤后由仙女或女巫从类似圣杯的羊角杯中取出药膏为他们涂抹。而爱尔兰神话中父亲神达格达的那口能为所有人提供食物的取之不尽的神锅，也被认为是圣杯传说的一处起源。在《马比诺吉昂》中的布兰故事里，那口能够让战争中牺牲的战士们复活的神锅，更成为日后关于圣杯使人痊愈或复活的滥觞。

在中世纪，代表着教会美德的妇女们托举着代表圣杯的器具参加弥撒

在中世纪，代表着教会美德的妇女们托举着代表圣杯的器具参加弥撒仪式，后来这一常见的情景被写进亚瑟王传说里，成为少女或天使托举圣杯出现在圆桌骑士面前的原型。

在圣杯传说的一些版本中，指引骑士和展示圣杯的总是纯洁的少女

仪式，后来这一常见的情景被写进亚瑟王传说里，成为少女或天使托举圣杯出现在圆桌骑士面前的原型。除了这种圣杯侍女的形象外，亚瑟王传说中还有约瑟夫手捧圣杯出现的描述。不过虽然是圣徒，但大叔出现的次数还是远远少于美丽少女的……

流传至今的圣杯故事中的绝大部分内容都是由中世纪的修士们完成的，这帮吃饱了没事干的外国人不事生产不谙世事，他们在修道院中过着与世隔绝的生活，完全依靠自己贫乏的想象来脑补出一桩桩关于圣杯的传奇。例如阿拉伯传说中有神灯，所以天主教西多会修士就宣称圣杯是一盏神灯，至于问到神灯究竟是什么模样，他们就支支吾吾闪烁其词了。

在印刷术还没有流传到欧洲的时代，欧洲从国王到农夫往往都是文盲，知识垄断在教会手中。修士们幻想出的故事主要依靠受过神职训练的抄写员来传播，这些抄写员往往也是教会成员。就在这种小圈子里面以讹传讹的传播过程中，造成不同版本的却又大同小异的圣杯传说。虽然修士们在创作过程中尽可能地加入著名的圣经故事和受欢迎的民间传说来为文章增色，但由于教会要求圣杯故事需要体现人类在追寻过程中对自身精神境界的提高——也即是虔诚投身于基督教教义中，所以圣杯故事最后都会万川归海汇成教条的宗教教育。

你要肉体清白，你要精神虔诚，你要慷慨无私，你要勇敢无畏……总之你要变成一个完全脱离尘世欲念的所谓超人才可能找到圣杯，例如兰斯洛特这样的豪杰就因为偷情犯了淫乱之罪而无缘圣杯，这种刻板的故事模式让圣杯传说在非基督教国家的影响力远不如亚瑟王传奇。

当然，修士们并没有忘记把自己写入圣杯故事中。例如每次兰斯洛特受伤的时候，周围都碰巧会有隐士的小屋供他疗伤。帕尔齐法尔等骑士在寻找圣杯过程中失去线索时，也都会找修士来指点迷津。这些神秘的大能修士或者在山洞里，或者在石柱中，或者在树顶上，总之他们从不住在正常的地方，有时候要找到他们还得借助耶稣受难节之类的特定宗教节日才有可能。

法国作家罗贝尔·德·伯隆在《亚利马太人约瑟》中提出了圣杯故事

的概念，后来在13世纪的《圣杯的传说》中将法国版的亚瑟王传说与圣经故事交织在一起编写成拉丁文的长诗。在长诗中叙述了判决耶稣死刑的罗马官员彼拉多亲自将圣杯交给约瑟，让这个从犯来收取耶稣受刑时流下的鲜血。后来约瑟被罗马弗拉维王朝的创立者韦斯巴芗赦免，他说服这位皇帝皈依了基督教，并率领徒众继续传教。

《亚利马太人约瑟》中首先提出了“渔人国王”的故事：由于约瑟察觉到自己的追随者中有些人犯了贪欲之罪，于是便在最后的晚餐的餐桌上重造了一面圣餐桌，他的妻弟布龙将自己捕到的一条鱼做好后端上圣餐桌，然后大家过来用餐时圣餐桌显圣了。那些清白的人可以坐下来享用鱼肉，而犯罪者则无法靠近桌子，最终被驱逐出去。从此以后，布龙得到“渔人国王”这个绰号。后来他在同族人阿兰和佩德罗的帮助下带领整个宗族迁回欧洲，日后所有的圣杯骑士都是这批移民的后裔。

在拉丁文《圣经故事集》中接着讲述了约瑟将圣杯带到不列颠，接替布龙担任“渔人国王”的阿兰将圣杯存放在科尔班尼克城堡中，由他与约瑟的儿子约瑟夫负责守护。正是圣杯的守护者为不列颠带来了基督教福音，从他们开始，英伦三岛开始了基督化进程。

当然，就像所有的宗教故事一样，总有不信者受到处罚这种杀鸡骇猴的戏码。在护卫圣杯的同行者中就有怀疑圣杯力量的莫尔德拉恩被诅咒成为永久的重度残疾人，直到真正的圣杯骑士前来拯救他。这位被称为“废王”的可怜人在后来的传说中成为找到圣杯的关键，他被圆桌骑士用圣枪拯救而使得圣杯出现。根据传说的不同版本，救他的英雄是加拉哈德或帕尔齐法尔。

至于圣杯的最终下落，除了刚才提到的科尔班尼克城堡之外，还另有传说认为约瑟最终在格拉斯顿伯里落脚，居住在他自己兴建的一座修道院里。在约瑟荣归天国之前，圣杯被他亲手埋进了修道院地下。

三　圣杯骑士

终于到了圆桌骑士们出场的时刻，正是这些亚瑟王属下的骑士们将延

亚瑟王属下的骑士们将延续千年的圣杯传说推向最高潮，用他们追寻圣杯的光辉岁月塑造出不朽的传奇故事。

正在寻找圣杯的圆桌骑士

续千年的圣杯传说推向最高潮，用他们追寻圣杯的光辉岁月塑造出不朽的传奇故事。

在绝大多数的亚瑟王传说中，圣杯的相关概念是由前知五百年后知五百年的大法师梅林灌输给大家的。终于有一天，一位神秘少女手持圣杯出现在圆桌之前，当骑士们震惊地向圣杯祷告时，凭空出现的少女和圣杯又不告而别。为了夺取找到圣杯的至尊荣誉，圆桌骑士们放弃了卡美洛的悠闲生活，不远千山万水冒着生命危险踏上寻杯之旅，很多人再也没有回来。

在主流的传说中，最后找到圣杯的圆桌骑士是帕尔齐法尔、鲍斯和加拉哈德，其他的圆桌骑士英雄都由于自身缺陷而与圣杯无缘。而在中世纪，最受欢迎的圣杯故事主角就是帕尔齐法尔这位木讷的骑士。

帕尔齐法尔这个角色的出现就是为圣杯故事服务的，他诞生于特鲁瓦的《圣杯的故事》系列著作中，并拥有自己独立的篇章《帕尔齐法尔》。在故事中，这位心灵纯净的骑士与其他重要角色一样都有王室血统，他的亡父也曾是一名贵族骑士，但这一切在他的成长历程中没造成任何影响，因为他可怜的母亲不愿意儿子重复父亲的悲剧，所以没让自己的儿子接触到任何一点骑士精神的熏陶。

然而帕尔齐法尔血管中流淌着的英雄之血让他自发地踏上追寻骑士精神之路，就在他成年的时候恰巧偶遇一队圆桌骑士。帕尔齐法尔立即被骑士的风采折服，一心想成为这些高贵战士中的一员，于是他跟随这队骑士来到卡美洛城，加入亚瑟王麾下。

帕尔齐法尔与圆桌骑士们一同出发寻找圣杯，克服千难万阻之后他终于抵达已成一片废墟的圣杯城堡。在城堡中有一位被病痛折磨得奄奄一息的渔人国王，他自称是圣杯的守护者，也是被诅咒的受难者，只有一个命中注定的骑士向他询问一个特殊的问题才能解救他。

渔人国王招待帕尔齐法尔用餐时，出现了一队由纯洁少女组成的奇特仪仗队。女孩子们展示了圣杯、用枝状叶脉刺绣花纹装饰的蜡烛台、一柄滴血的长矛等种种奇怪的似乎带有某种含义的物品。虽然心中有万般疑惑，但老实的帕尔齐法尔谨记母亲的教导，并没有冒失地开口询问，因为一个

帕尔齐法尔、鲍斯和加拉哈德终于找到了圣杯

始终不动摇的帕尔齐法尔、鲍斯和加拉哈德抵达了圣杯城堡，见到了渔人国王，因为这三个骑士才是真正被圣杯选中的圣杯骑士。

有礼貌的君子应该等主人主动介绍才是。

但是帕尔齐法尔没能等到主人为自己解开疑惑，因为第二天醒来时渔人国王的城堡就消失了。不久后一个神秘的女人来到迷惘的骑士面前，责备他说：您怎么不向渔人国王问问题呢？只要你问一句这个圣杯是为谁准备的，渔人国王所受的诅咒就消失了呀！

帕尔齐法尔抱头痛哭：哎呀，你怎么不早说啊！你不说我怎么知道呢？——可怜的渔人国王明明已经各种暗示明示过了哇！

就这样，与圣杯擦肩而过的帕尔齐法尔在极度的悔恨与失落中原地徘徊了五年之久，直到一位隐士飘然而至，告诉他渔人国王其实就是他的亲叔叔！

帕尔齐法尔简直要吐血，敢情兜这么大一个圈子，圣杯就在自己家门口！于是他急忙赶回故乡，找到自己的叔叔问出了那句话，就在这一瞬间，残疾的渔人国王恢复了健康，他的国土也重现生机。帕尔齐法尔作为找到圣杯的英雄继承了叔叔的王国，成为新一任的圣杯守护者。

在威尔士传说中，帕尔齐法尔就是《马比诺吉昂》中的英雄佩雷多。不过在这部故事里他冒险的原因不是寻找圣杯而是打败邪恶的敌人。到了13世纪初，在法国出现的《迪多家族——帕尔齐法尔》一书中，帕尔齐法尔是个懂得用圣杯治好国王伤患的聪明骑士。马诺礼撰写的《亚瑟王之死》中交代了帕尔齐法尔的结局：这位英雄在亚瑟王麾下连年征战之后，死于班师回朝途中。

除了英法之外，帕尔齐法尔在德意志民族中也享有盛名。德国诗人沃尔夫·冯·埃申巴赫创作的长篇史诗《帕尔齐法尔》深入人心。这部作品中的圣杯变成了由圣殿骑士团守护的代表骑士精神的神石，而帕尔齐法尔的冒险使他发现了伟大的圣杯王朝。帕尔齐法尔的故事直接影响到近代伟大的作曲家瓦格纳，这位开创了后浪漫主义歌剧潮流的大师撰写了歌剧《帕尔齐法尔》，被誉为中世纪之后亚瑟王传奇的巅峰之作。

在帕尔齐法尔之后，寻找圣杯的英雄光环逐渐转到兰斯洛特的儿子加拉哈德头上。撰写故事的作者们试图令人相信加拉哈德是世界上最纯洁的骑士，为了强调这一点，还专门为他设定了童贞骑士这个属性。

就如同亚瑟拔出石中剑一样，加拉哈德加入圆桌会议时也阴差阳错地坐在那个危险的座位上。但他不仅没有像其他人一样遭遇死亡的厄运，反而是他的名字凭空出现在座椅的靠背上，充分印证了他就是天选之人。

根据爱尔兰传说，加拉哈德在圆桌上落座时常会出现幻视，能在恍惚间看到一个老人手持圣杯出现在自己面前，这是圣杯的首任守护者约瑟从天而降，向被选中的几名圣杯骑士展示神迹。

在加拉哈德的传说中，正是他时常看到的幻象激励着其他圆桌骑士继续寻找之旅。很多著名的英雄都在寻找过程中迷失放弃，例如加韦中途放弃了追寻圣杯，转而经历了很多英雄救美的故事。兰斯洛特虽然在儿子的帮助下走完了整个征途，最后却在即将见到圣杯时忽然昏迷，他意识到自己犯下的通奸罪行已经令自己与圣杯无缘，所以也彻底放弃了对圣杯的追求回去找格温娜维尔了。

只有始终不动摇的帕尔齐法尔、鲍斯和加拉哈德抵达了圣杯城堡，见到了渔人国王或约瑟，因为这三个骑士才是真正被圣杯选中的圣杯骑士。在不同版本的故事中对圣杯骑士的结局有各种描述，有的说加拉哈德用圣枪治好了废王而找到圣杯并成为圣杯守护者，在他去世后圣杯也被收回天堂；有的说加拉哈德捧起圣杯的那一刻，他的灵魂便被天使们簇拥着升入天堂；还有的说帕尔齐法尔在寻找圣杯的途中献出了自己的生命，加拉哈德捧起圣杯后升入天堂。只有众人眼中平庸无奇的鲍斯全身而退，返回亚瑟王身边将整个圣杯之旅的故事讲给大家听。

默默无闻的鲍斯是圆桌骑士中最不起眼的一员，他缺乏特殊的能力，也没有过人的功绩，但他正直、诚实、谦虚、谨慎，就像许许多多的老百姓一样，善良、朴实，他就是我们这些凡人的代表，所以才会与那些最圣洁最高尚的英雄为伍，受到后世的膜拜。

因为亚瑟王传说，说到底还是人的故事……

第四章
大河彼岸

身为蛮族文明的产物，凯尔特文化曾在历史长河中湮灭许久。由于凯尔特人没有留下文字资料，并且他们的命运是最终被征服、被融合，所以造成了一个有趣并且有点悲哀的局面——关于凯尔特文化的大部分资料都是由它的敌人留下的。

我们常说一句话：历史是由胜利者书写的。反映在凯尔特人的文化史方面也是如此。在漫长岁月里，凯尔特文化被希腊—罗马文明灿烂辉煌的光芒遮蔽得难以察觉，直到今天我们面对它时仍然如同隔着一条宽广的河流一般，只能遥望和揣测。

命运总是难以捉摸，谁能想到时间过去近两千余年后，凯尔特文化又因为英国幻想文学的兴起而再度被人们看重呢？凯尔特人留下的神话传说成为幻想小说中架空世界的原型，凯尔特文化与圣经故事、北欧神话等结合起来，为托尔金、刘易斯和罗琳等作者构建起梦幻般的想象舞台。

凯尔特人虽然早已消失在时间长河尽头，但他们的文化遗产仍然如被泥沙掩埋的沙金一般，时不时在水面泛起迷人的光芒……

第一节 达南神族的故事

爱尔兰岛芒斯特省凯里郡是一个遍布着早期基督教朝圣点的海角地带。在爱尔兰最西侧的这片土地上，有爱尔兰最早的加勒鲁斯小教堂，有神圣的布兰登山，还有美丽的基拉尼国家公园。

就在这片充满基督教文化气息的土地上，两座圆形的小山包默默耸立了千万年之久。在遥远的过去，那些凯尔特部落还遵从德鲁伊教士的教诲时，这两座名叫“安努之乳”的小山包才是真正的朝圣地点——它们是孕育了爱尔兰大地生命的安努女神的双乳，神奇鬼魅的达南神族就是女神留在爱尔兰传说中的不朽传人。

一 大地的母亲

在凯尔特人的时代，很多人的生命在青少年时期就会结束。人在短暂的一生中躲避饥寒煎熬和病痛折磨，自然会寻求精神上的慰藉。

母亲神安努主宰大地生灵的生老病死，保佑女性顺利怀孕分娩，庇护婴儿不会夭折。在凯尔特人的部落中，孕妇向安努祈祷顺产，病人向安努祈祷康复——就连死去的人，尤其是夭折的婴儿在下葬时往往也会带着安努女神的神像一同长眠。

在凯尔特人的传统中，安努这类的母亲神还掌管大地上动植物的繁育，尤其是土地肥沃和作物丰收都离不开她们的庇护。耕田的穷人们向安努祈祷，酋长和商人们也向安努祈祷，因为母亲神的恩宠与否决定了大家钱袋子会鼓起来还是会瘪下去。

就凯尔特文化遗址中残留的神像造型来看，母亲神总是以施舍苹果、面包、葡萄和钱币的造型出现，这充分说明了凯尔特人对安努的诉求——她似乎是丐帮的母亲神呢。

随着时代变迁，安努之名逐渐被传为达努，但她的定位一直没有改变过。

爱尔兰神话中的女性神灵形象非常多。在基督教传入之前的“野蛮”时代，爱尔兰的统治者即位时都由女祭司装扮成女神与他举行象征性的婚礼。在婚礼上，女祭司装扮的女神新娘会将斟满葡萄酒的金杯递给新郎，喝下它就代表国家从此接受太阳和光明的庇护，并且百姓会人丁兴旺、绵延不断——母亲神还代表着繁殖和强劲的性能力。

达努女神自己生育了大名鼎鼎的图阿萨·代·达南这个神圣的部落，该部落中的所有成员都是拥有神灵血统的仙子或仙女。在后来的爱尔兰神话中，这个达南族部落构成了传说中的达南神族。

达南神族本是大地的统治者，他们历经血战击败了邪恶的弗莫巨人与原住民弗博尔格斯人，在爱尔兰岛上生活了很多年。但随着现代爱尔兰人的祖先米利都人入侵者到来，达南神族被击败并被驱逐出大地。于是这帮神通广大的仙灵们在大地深处、大海尽头，或者说其实就是在冥界中建立起了自己的乐园。

达南神族的酋长为他的子民们分配了位于另一个世界中的新家园。由于他们被认为分布在洞穴、湖泊，以及遍布爱尔兰的史前墓穴中，所以这些达南神族的家园也被称为“仙冢”或“仙堡”。

负责“分房”的酋长权力巨大，自然是德高望重之人。他在爱尔兰神话中被称为善神，他就是达格达。

二　不检点的大哥大

虽然凯尔特神话流传至今已经变得凌乱不堪，难以复原，但是当年凯尔特人信仰的也是由血亲关系构成的家族式神灵体系——就如同同期的希腊—罗马、北欧等欧洲神话一样。

在爱尔兰的神祇当中存在一位神灵祖先的角色，他位于诸神之上，地位类似宙斯或奥丁。德鲁伊教士称其为“神”或“父”，罗马人则为这位达格达送上“圣父”的尊号。

虽然号称圣父，但这并不意味着达南神族的所有成员都是达格达的后裔。毕竟爱尔兰的女娲还轮不到达格达来当——安努女神还没吭声呐！

达格达是达南族的大酋长，其私生活并不很检点。他的情人很多，其中最著名的便是爱尔兰的乌鸦女神摩利甘，不过在爱尔兰的传说中，这位女神始终秉持“一枝红杏出墙来”的处世态度，处处留情的她让圣父头顶的帽子时不时泛起绿光……

达格达的凯尔特神灵原型很可能是锤神苏赛鲁斯。在凯尔特人称霸欧洲大陆的时代，法国里昂地区是最重要的苏赛鲁斯祭拜地点。在那里，苏赛鲁斯与太阳神卢古斯一同被祭拜。凯尔特人认为冬季将尽时，是锤神敲击坚硬的土地，向大家预告阳光即将带来春季的温暖。他的大锤使得土地松软，宜于播种。

爱尔兰神话中的达格达总穿着非常短小的袍子，这也是凯尔特神话中苏赛鲁斯的标志性打扮。在这个凯尔特锤神的爱尔兰版本身上，我们可以见到大锤变成了一头可以杀人、一头能够使人复活的掌管人类生死的巨棒，此外还有聚宝盆般的神锅和罐子——以及魔琴。

在有些版本的民间故事中，达格达是一个吟游诗人。达南族中的吟游诗人可以直接与魔法师画等号，达格达施法不用魔杖而用魔琴。他的魔琴硕大无朋，以珍贵的木材制成，其上镶满了金子和宝石，看上去美轮美奂。能够拨动琴弦令竖琴发出神奇美妙旋律的只有达格达。当达南族的战士与邪恶的弗莫族巨人作战时，达格达就会举起他的魔琴，用手指扫过琴弦，奏响号角般的旋律，为战士们鼓舞士气。当疲惫的战士归来时，达格达也会拨动琴弦，让有魔力的乐音为每个人抚平伤痛和疲惫。

有一次，弗莫族人潜入达格达的神殿盗走了墙上的竖琴，这帮窃贼一路狂奔回到自己的城堡开始狂欢——世界上没有什么劳累是一顿烧烤打发不了的！没想到酒过三巡菜过五味时，城堡大门被撞开了，达格达出现在大门口！

好小子，有种，单刀赴会啊！

弗莫族的巨人们摩拳擦掌迎了上来，只见达格达朝墙上的竖琴喊道：“回来吧，我的魔琴。”挂在墙上的魔琴闻声而动，向主人飞来，一路上杀死了所有阻挡它的人。达格达接过魔琴后手指一划，奏出低沉的音乐，男人沉默，女人流泪，孩子号哭，所有在场的人都陷入极度的悲伤中，难以自拔。接着他又抚动琴弦，欢快的琴声让巨人们笑得浑身酥软，连手里的酒杯和长矛都掉落在地。当达格达最后一次奏起魔琴时，一阵轻柔的催眠旋律让城堡里的人全都陷入梦乡，于是达格达悄然转身，返回了自己的家园。

尽管达格达神通广大，但他始终无法改变达南神族的命运。当整个族群被迫迁入另一个世界后，达格达仅剩福利分房这一项工作可做了。

达格达按照公平加自愿的原则为自己的族人分配居所，但分来分去却漏掉了自己与博安女神所生的儿子爱神奥恩古斯。当儿子上门抱怨的时候，这位马虎的父亲才发现自己手里已经没有房源了。无奈之下，达格达只好让儿子去找达南族的国王努阿达，请求在国王的仙堡纽格兰奇暂住一天一夜。

奥恩古斯抵达纽格兰奇后立刻爱上了那里，从此再也不提房归原主的事情了。爱神这一住就是几千年的时间，由于达格达这位大哥大的面子够大，国王也只能吃了这个哑巴亏……

三　水边的乌鸦

乌鸦女神摩利甘以其最爱化身为乌鸦出现在战场上而得名，说起来这个名头其实是绰号，摩利甘的本职工作其实是——死神和战神，以及性爱之神……

据说摩利甘并没有安努女神的血统，反而与弗莫族有血缘关系。只因她被视为达格达的配偶，所以才位列达南神族。

摩利甘最早出现在爱尔兰神话体系中时，是一个出没于达南族行军路线上的哑巴女孩。达南族的首领发现这个孩子虽然不会说话，却能用精神沟通的方式向他发出警告：弗莫族在前方用可怕的法术布置了陷阱！

达南族首领半信半疑地继续前进，果然在战场上遇到了敌人可怕的魔法袭击，就在战士们一个个倒下去的时候，一只乌鸦飞过战场上空：摩利甘用她的法术破解了弗莫族的陷阱，帮助达南族人取得胜利。

爱尔兰女神的形象大多为三位一体的模式，所以摩利甘也有博得布和玛查这两个孪生姐妹形象。在爱尔兰神话中，摩利甘决定勇士的命运，掌握战场上的生与死，但随着神话的演变，她的本性却尽显阴暗一面。

依据凯尔特神话的传统，河流湖泊都是不祥之地，因为那里是生与死的分界线。在爱尔兰人的传说中，如果出征的勇士们路过河边，碰见有女人在洗衣服，或者乌鸦在飞翔的话就要格外留心，因为摩利甘最喜欢以这两种模样出现，并决定路过的勇士们谁将会在今天死去。

在一则神话中，如此表现战士与乌鸦女神相遇的情景：

一队勇士匆匆赶赴战场，可他们却在一处浅滩止步。眼前有一个高个子的幽灵般的女人，用愤怒猩红狰狞的双目瞪着他们。这女人双脚泡在血水中，身边尽是战死的士兵。那些士兵只剩下残缺不全的尸体、折断的武器和破损的铠甲盾牌，他们被毁伤得如此严重，以至于连亲妈都无法将他们辨认出来……

那女人用手指挨个点数眼前的勇士，口中发出令人毛骨悚然的笑声。爱尔兰汉子们个个都被吓得脸色煞白，恨不得转身逃回自己的部落。无奈之下，首领鼓足勇气上前问道：“请问您是哪位？”

“我是幽灵女王摩利甘，家住克诺克纳里亚山的梅芙石碓深处！有人叫我河滩上的洗濯女，因为我在爱尔兰所有的溪流边都出现，以洗清男人身上的罪恶！”

首领指着水里那些残缺不全的尸体问摩利甘：“这场屠杀是不是女王陛下您干的？这些人是因为罪孽深重才会变成如此模样么？”

摩利甘哈哈大笑，她向首领解释说自己没有杀死其中任何一个，要首领仔细看看这些尸体的样子，再看看自己身后的勇士——今天等晚上战斗结束后他们就会变成这些尸体的模样，而洗濯女不过是在清洗他们尸体上的血污罢了。

于是首领仔细看着尸体堆，果然认出一些伙伴的模样来！就在他惊恐地望着尸体时，摩利甘俯身从自己的战利品中拎出一样东西来展示，首领定眼一瞧——乌鸦女神手里拎着的正是他自己被砍下的头颅！

“幽灵女王”“夜之女妖”和“乌鸦女神”都是摩利甘的头衔与绰号，

她是一个令人畏惧的女神，送给世间的只有灾祸和恐惧。

偏偏这位女神特别眷恋尘世，总是反复进入爱尔兰人的世界寻找乐趣——她垂青于勇敢的战士，时常会将爱慕之情倾注在那些英雄的身上。正因为她的这种性格，才使得英雄库丘林死于非命。

除此以外，摩利甘还是个喜欢自己下场参加战斗的女战神。库丘林曾在战斗中赢过摩利甘，于是乌鸦女神立刻对这个胜过自己的奇男子一见倾心，她热烈地向库丘林示爱，却遭到对方的拒绝和蔑视。

狂怒的摩利甘施展诡计令库丘林惨死，过后她化为乌鸦蹲在死者肩头，狂喜地宣告英雄已经死去。这一场景深深地印在了爱尔兰人的脑海中。

在达南神族中，再没有比摩利甘更不受欢迎的人了。但爱尔兰人只能在神话中对着女神的劣迹叹息，因为他们没办法去找摩利甘的麻烦。虽然明明知道她平时住在仙堡中逍遥快活，那里四季常青，鲜花绽放，衣食无忧，歌舞不绝，那里是人间无法比拟的仙境，但爱尔兰人想去的话却千难万难。

因为有人筑起了一道隐形的墙壁来保护达南神族的世界，他就是海神马南南。

四　善良的马车夫

马南南这个魔性的译名洋溢着中国风情，很容易让读者误解在爱尔兰神话中遇见了自己的同胞。如果用另一个译名玛纳诺的话，画风似乎就正常不少，但也少了些亲切感。在古爱尔兰神话中，马南南是人类的第一位国王，后来才被列入达南神族。

马南南身材高大魁梧，拥有众多神奇的宝物。这位海神的交通工具非常独特，按照常理出牌的海神应该乘船或者骑着鱼，但马南南却是驾着马车在海上风驰电掣，如履平川。虽然看起来很是另类，但马南南的一大职责就是把亡者的灵魂从凡尘送至另一个世界，这可是全年无休的辛苦活儿，所以在爱尔兰神话中为他配备马车也在情理之中。相较之下，希腊海神波塞冬也喜欢驾着马头鱼尾海怪拉着的双轮战车在海上飙车，不过可没听说他曾护送希腊人去过哈迪斯的冥界……

马南南做海神算是子承父业，他的父亲里尔也曾是爱尔兰的海神，但这位老爷子因为竞选另一个世界之王失利而退出政坛，这才让神二代马南南有了出头之日。

马南南住在大海尽头的马恩岛上，爱尔兰神话中认为这位海神升起浓厚的迷雾遮挡岛屿，使得航海者无法靠近马南南及其同族的仙宫。但他的领地却屡次遭到普通人的入侵。

在爱尔兰的神话中，能够进入另一个世界的幸运儿并不全是盖世英雄，他们往往是执着于追寻某一目标而无意中开启了“穿越”两个世界之旅。

芒斯特国王锡安之子塔吉曾为了寻找被异族人绑架的妻子和两位兄弟而驾船出海，他和水手们穿越可怕的风暴抵达一片安静祥和的海域。在这里他们登上一座宁静的美丽岛屿。让他们惊讶不已的是，这座岛屿永远处于盛夏，而他们离开爱尔兰时当地还是严冬季节。

在海上时水手们饥肠辘辘，一旦登上这座岛屿后却永不感觉饥饿。岛上有三座小山，小山上分别有白色、金色和银色的城堡。美丽的达南族女神迎接他们，并告诉这些闯入者这里是海神的国度，岛上的三座城堡分别是爱尔兰过去、现在和未来统治者的家——当塔吉将来踏上死亡之旅后，也会乘着马南南的马车穿越大海来到这里……

从这则神话中，我们可以看出马南南是一个仁慈的神灵，他对于不知情的闯入者非常友善，并不会对他们加以惩罚。

但这并不意味着马南南是个永远不会愤怒的老好人——尤其是当他受到自己妻子讥讽的时候。马南南有一个非常美丽的妻子芬德，这位美人秉承颜值越高脾气越大的处世原则，天天因为各种琐事与自己丈夫争吵不休。终于有一次，马南南与芬德大吵一架后出海飙车，再也不受老婆的气了。

马南南走后马恩岛遭遇一个弗莫族的猛士来犯，面临危险的芬德只好向阿尔斯特的英雄、卢格之子库丘林求助。于是英雄击败邪恶的巨人，马恩岛的女主人也被库丘林的勇猛迷倒，两人坠入爱河后便一起住在了马恩岛上。

一个月后出事了，库丘林的妻子奥菲带领着 50 个女战士杀上门来，要血刃勾引别人老公的狐狸精芬德！与此同时，头上绿油油的海上马车夫马南南也闻讯赶回，这两对夫妻在马恩岛相见。叙旧之下，马南南才知道，库丘林的父亲是卢格，自己曾收养过卢格！

既然抬出来光之大神卢格，基于大家同是达南一脉的关系，此事也就大事化小、小事化了算了——反正按照达南神族的传统，身为女神如果不出轨才叫新闻呐。

最后，芬德选择了丈夫马南南并发誓忘记库丘林，但分别前芬德用巨棒打了库丘林一下，为的是让他在数年内难以忘记自己——这位水性杨花的海神夫人随时准备红杏出墙！

五　盗梦的太阳

库丘林的父亲卢格在达南神族中来头颇大，因为他的原型是凯尔特神话中至高无上的太阳神卢古斯。

恺撒的《高卢战记》中记载着高卢人对神灵的崇拜情况，其中排第一位的就是被罗马人称为墨丘利的卢古斯神。卢古斯的地位如此崇高，以至于对他的祭拜地点卢格杜纳姆后来成了高卢人的首都。

每年的 8 月 1 日是高卢地区的卢古斯节，这一天也是祭拜太阳神卢古斯的日子。高卢人庆祝这个节日，罗马人也庆祝这个节日——虽然他们对同一位神灵的理解存在巨大的偏差。

到了爱尔兰的时代，凯尔特诸神已经演变成本土化的爱尔兰诸神，其中卢格正是卢古斯的化身。按照《夺牛长征记》中的说法，卢格能够融化身边十米内的厚重积雪，他的面庞如太阳一般令人无法直视——也就是说连他的同胞都无法看清楚他到底长啥样……

在早期对卢格形象的描写中，他时常与代表生命的橡树、双蛇、狗或狼、以乌鸦为主的鸟类、马和槲寄生等动植物一同出现在石刻中。通过与同时代北欧神话形象对比，可以发现，卢格的出现很大程度上受到了北欧神话中主神奥丁的影响。

奥丁通常挥舞长矛，肩上蹲着两只乌鸦。他与卢格都代表无尽的智慧，是拥有无限技能和战无不胜的英雄。最妙的是在独眼这一点上，奥丁与卢格的外祖父巴罗颇为类似，甚至两人都是平时闭着独眼，直到需要在战场上释放魔力时才将独眼睁开。此外，北欧神话中的洛基也对卢格的形象有影响。与洛基一样，卢格也时常用欺诈的手段来戏弄诸神，并获得爱情——从某种意义上说，洛基与卢格都是各自神话体系中最狡诈的骗子。

按照爱尔兰神话，每一位神灵都应该出生在爱尔兰。卢格也不例外，他身上带着达南族和弗莫族共同的血统——弗莫之王魔眼邪神巴罗被预言将死于孙辈之手，所以他囚禁了自己的独生女艾斯尼，但这难不倒达南族的淫贼锡安……

接下来的故事详见本书第二章，在此不再赘述。需要注意的是，卢格父母的特殊身份很明显是古代部落之间政治联姻的映射——达南族代表的新入侵者与弗莫族代表的旧土著为争夺领地展开激烈斗争，那么部落贵族以女儿换取暂时的和平就是常见的手段了。

爱尔兰神话中充满对英雄角色的高大全描写套路，这一点在卢格身上发扬得最为彻底，在《夺牛长征记》中，这位英雄几乎娴熟于世界上所有的职业技能——除了生孩子之外。

卢格的孩子不少，其中最有名的就是他与爱尔兰阿尔斯特国的黛克泰尔公主所生的库丘林。黛克泰尔公主在出嫁的婚宴上，喝下了一杯酒，而酒中有一只她未曾察觉的蜉蝣。醉酒的公主昏昏睡去。

在她的梦中，光之神卢格出现了，告诉她自己就是刚才那只蜉蝣。卢格施法将公主和她的女仆变成了飞鸟——卢格的套路与他爸爸锡安引诱艾斯尼时的手段一模一样。

几个月后，阿尔斯特的战士们发现许多奇异的鸟出现在眼前，他们追逐鸟儿之时来到了另一个世界的一座豪宅前。穿着华丽的男主人和怀孕的女主人热情地接待他们，晚上这群战士就寝时忽然听到婴儿的啼哭声，大家起床一看，原来是女主人产下了一名男婴，这婴儿甫一出生就有一头如阳光般灿烂的金发。

此时，男主人向他们表明身份说自己就是光之神卢格，而女主人就是他们的君主康奇厄伯王的妹妹黛克泰尔公主。卢格请战士们将黛克泰尔与婴儿护送回去，战士们高兴地答应了。

就这样，黛克泰尔回到了本来的夫君苏尔泰姆身边，苏尔泰姆视这个婴儿如己出，将其抚养长大——这个孩子就是库丘林。

六　银臂的国王

虽然卢格神通广大，但当他在爱尔兰的塔拉初出茅庐时，还是一个站在伟大君王面前的谦逊小伙子，而这位伟大的君王就是达南神族的国王银臂努阿达。

努阿达这个形象与不列颠群岛上的凯尔特神灵诺登斯有深切的渊源，诺登斯是凯尔特的狩猎、战争和愈合之神，对他的祭拜地集中在英格兰西南部的格洛斯特郡。罗马人将诺登斯视为罗马战神玛尔斯在不列颠岛上的分身，而威尔士的神话人物卢德也与诺登斯密切相关。

诺登斯神庙遗址坐落在格洛斯特郡一个俯瞰塞文河口的峭壁上，神庙遗址中残留着描绘着海豚、鱼类和海怪图案的马赛克壁画，还有大量凯尔特人敬献给神灵的钱币、手镯、臂环等等，以及几座狗的青铜塑像——这在凯尔特神话中代表着医疗和愈合。

最引人遐想的是一些青铜手臂祭品，这些手臂让人联想起爱尔兰岛上那位失去手臂的达南族国王。

在爱尔兰神话中，努阿达本身并不是什么万能的伟大神灵，但是他作为达南族的领袖，亲身经历了达南族的兴衰，并且以他为由头穿针引线讲述了达南神族中很多成员的故事。

其中在修复努阿达因为战争而失去的手臂一事中，就牵涉到医术之神迪安·凯赫特一家的伦理惨剧。

达南族人要求自己的国王必须是勇敢完美的战士——他的身体应该完美无缺，且随时可以身先士卒，为了达南族而冲锋陷阵。所以尽管努阿达是为了全族利益而身负残疾的，他们也一样把这位英雄撵下了台。迪安·凯赫特为退居二线的努阿达安装了银质的假肢，这已经是这位神医所能做到的极限了。

即便是如此神医，也无法令努阿达的手臂重新生长出来，可想而知，这位退位的国王心中是何等沮丧。

迪安·凯赫特的儿子米阿奇听到努阿达的抱怨后，施展过人的才华让这位独臂人长出了新的手臂，并重登王位。但可怜的米阿奇却被自己嫉妒抓狂的父亲恨之入骨，最终惨死在迪安·凯赫特剑下。

重新坐上王位的努阿达召集军队与魔眼邪神巴罗做最后的战斗，太阳神卢格也在达南族之王四处征兵时来到他的身旁。在与弗莫族的决战中努阿达意气风发地披上心爱的红斗篷，手持胜利之剑冲向巴罗，但是巴罗魔眼睁开的瞬间，这位达南族之王和他的军队便一起灰飞烟灭了……

当然，我们都知道是卢格杀死了自己的外祖父，拯救了达南神族，从此以后这个毛头小伙子登上达南族王位，带领整个民族占据了爱尔兰大地。

又过了不知道多久，新的入侵者将达南神族逼得走投无路，大家退往幽冥世界，重新寻找生存空间，已被遗忘的努阿达再次登上王位，带领子民们在一个又一个的仙宫、仙堡和仙冢里度过无尽的岁月……

七　泪之药草物语

达南神族中有一位部落守护神，他就是神医迪安·凯赫特。

迪安·凯赫特曾经拯救过爱尔兰，因为他预言乌鸦女神摩利甘所生的儿子会带来毁灭性的灾祸。正是在他的坚持下，摩利甘半信半疑地同意自己的儿子应该在幼年时就被摧毁。迪安打开孩子的心脏，果然在里面发现了三条邪恶的毒蛇——爱尔兰是世界上少有的完全没有蛇类生存的国度，而摩利甘儿子心中所藏的毒蛇在长大作乱前就被迪安杀死并烧成了灰烬。这些灰烬被投入爱尔兰的巴洛河中，其毒性使得河水沸腾，杀尽了河中的一切生灵。

在爱尔兰神话中，迪安几乎无所不能：他能让盲人重见光明，他祝福过的河水能让在其中沐浴的战士伤口痊愈。只有一样东西除外：无论迪安怎样努力，都无法令达南族国王努阿达的右臂重新长出来。

在之前的章节中我们已经知道右臂对于努阿达的重要性，但这次神医却始终没法令其再生出来。最后迪安·凯赫特无奈地放弃了，他为努阿达打造了精美的银手臂。这条银手臂是迪安和铁匠戈夫尼奥花了七年才打造出的灵巧假肢，它完全适合努阿达，独臂的前国王可以灵活运转银手臂上的每一根手指上的每一个关节。

达南部落中的每个人都赞美老医生的神妙设计，这条银手臂成为神医能力的新里程碑。但努阿达并不满意，这一切都被医生的第四个儿子米阿奇看在眼里。

米阿奇是个很另类的达南族人，虽然他的妹妹艾米达也显露出医术的天分，但比起哥哥来差距甚大。米阿奇从小就不停地询问一切关于医学的知识，用诸如鹅肝和我的肝有何不同，猪下水和人下水是否一样之类的话题让母亲和兄弟姐妹们在餐桌上倒尽胃口。

等到米阿奇长大后，他另辟蹊径地在草药领域大展宏图。当时正逢达南神族与异族交战频繁的阶段，迪安·凯赫特得意地发现自己的儿子也有成为一名神医的素质，这将毫无疑问地带给他新的荣誉、财富以及一位合适的继承人——达南部落中只有迪安一个医生。

但随着米阿奇的声望日隆，并显露出不亚于其父的能力时候，迪安却开始与儿子疏远了。这位老人意识到儿子是个强有力的竞争者，他用暗中远离的策略来抵消这种威胁。

但是当米阿奇悄悄为被罢黜的努阿达治疗胳膊时，矛盾激化了。努阿达是经过神医治疗并被公开宣布无法恢复的，米阿奇为他治疗等于是公然挑战权威并质疑自己父亲的专业水准。

迪安·凯赫特强压愤怒，打算对这种冒犯视而不见。谁知经过三天三夜的治疗，努阿达竟然真长出了新的右臂！

就在这一刻，达南神族的神医头衔有了新的主人，名誉扫地的老医生成为族人嘲笑的对象——他已经是一个没用的老人家了。

嫉妒和仇恨在迪安·凯赫特心中燃起熊熊烈焰，一怒之下，他拿起剑来到儿子的住所，要求以实战来测试米阿奇的医术水平。

迪安命令自己的儿子站着不动，他用剑划伤了米阿奇的头皮，血流过米阿奇的脸颊和脖子。米阿奇闭上眼睛，用神术使自己头皮上的伤口愈合。

迪安冷笑着夸赞米阿奇医术不错，又一剑砍在儿子头上，伤口露出了森森的白骨。米阿奇举起双手令自己痊愈，这次他恢复的速度慢了不少。他一边令自己伤口愈合，一边向父亲讨饶和解释。

但迪安怒吼着："你让我成为别人的笑柄！"又第三次挥剑砍开了儿子的天灵盖。米阿奇开始跪下呻吟，他的大脑都暴露出来。经过痛苦而漫长的治疗后，米阿奇再次站了起来。

暴怒的老人似乎有些冷静了，因为他在儿子的眼中没有看到任何欺骗或背叛的迹象。困惑而沮丧的迪安坐在树桩上，叫米阿奇坐在他对面的岩石上。

父子俩开始了短暂而开诚布公的交谈：

"哦，米阿奇，我亲爱的儿子……你为努阿达治疗的奇迹，毁了我一生的名誉和成就。这就是问题的症结所在：我是达南部落中伟大的医生，而你也是，就像一个鸡群里有了两只公鸡。"

"父亲，我爱你超过我的生命！你是我的骄傲，是你教会我医术。你是医术的大师，现在我也是医术大师了——如果你允许，我可以教你……"

"狂妄自大！"

迪安·凯赫特一声怒吼打断了米阿奇的话，他重重一剑将自己儿子的头颅劈成了两半！米阿奇栽倒在地上，就算是医术高超的他也无法再令自己复活了。

老人被自己的行径惊呆了，他哆哆嗦嗦地跪下，试图挽救儿子的生命，眼泪从他流血的眼睛中滚落，但他始终无法令儿子复活。

迪安哭了很长时间，当他终于抬起头来时，太阳已经下山了。部落中的许多成员都聚集在这可怕的杀人现场周围，没有人试图安慰他。

迪安想通过自杀来赎罪，但他又想起达南神族中现在只剩下自己一个医生了——因为他一直忽视对艾米达的培训，这孩子还没有准备好成为一个医生。

在米阿奇的葬礼中，艾米达没有出现，因为她怕自己会忍不住杀了父亲。当送葬的人群散去后，这个悲伤的女孩来到哥哥坟前哀悼。她匍匐在坟堆上默默流泪，最后疲惫地睡着了。

等她醒来的时候，发现自己身边萦绕着药草的清香。在她身下的坟堆上，一片绿色的幼苗疯狂破土而出。这是从米阿奇身上每一处关节和肌肉组织中生长出来的三百六十五种药草：这个善良的年轻人将自己的遗体化为临别礼物送给妹妹，也送给人类。

艾米达将自己的斗篷铺在地上，将这些草药一株株移栽过来。她念叨着这些草药的名字和功效，它们将为世上每一个男人、女人和孩子疗伤治病。

此时，迪安也返回继续哀悼儿子。他看到艾米达的斗篷铺在地上，上面移栽了三百六十五株药草，每株药草都闪烁着不同颜色的光芒，所有的药草集中在一起时形成了米阿奇遗体的形状。

在听到女儿嘴里念叨的话以后，迪安·凯赫特再度激愤起来，因为他认为医生不可能解决世间所有的病痛，有些疾病的痛苦反而会让人类的历史得到更新和延续——例如爱尔兰神话史上每隔一段时间就发作的大瘟疫。

“即使是在坟墓里，他也违抗我！”这个偏执的老人大喊大叫着扑上来，将艾米达斗篷里的药草打得四散纷飞！

艾米达像头愤怒到极点的母狼一样，抓起一根棍子恨恨地殴打自己的父亲。迪安的膝盖被打碎了，人像块破碎的朽木一般倒在地上翻滚。

艾米达举起一块巨石，对准自己父亲的脑袋，杀意在她的瞳孔中喷涌而出。这时候，她清晰地听见了哥哥的声音——米阿奇在冥冥中阻止妹妹：“不，艾米达，我爱你，你爱我，我们是一家人！”

于是艾米达丢掉石头哭泣着离开了，留下了号啕大哭的迪安——他在这一刻其实已经和死人一样了。

几个月后，艾米达在迪安的培训之下成为达南神族中的新医生。随着时间的流逝，这女孩成为前所未有的伟大良医。

又过了一段时间，一场前所未有的凶猛瘟疫席卷爱尔兰，很多人被病魔带走，其中就包括迪安·凯赫特。正因为他摧毁了儿子留下的药草，所以才会极为痛苦地死于这场瘟疫……

第二节　与智者同行

我是翱翔天空上的雄鹰，
我是隐蔽森林中的树木，
我是紧握在手中的利剑，
我是战斗中保护你的盾，
我是书信中的一个词语。
我是知识的唯一代言人，
我是挑起大战乱的长矛，
我是激起思想火焰的神。
……
是谁领导了山巅的集会，如果不是我?
是谁说出了月亮的年龄，如果不是我?
是谁安抚了太阳的躁动，如果不是我?

这是一首凯尔特人的赞美诗，数千年前这些蛮族在山林间，在田野上，在溪流旁举行的祭祀活动中反复咏念歌唱它，为的就是赞颂凯尔特人的智慧守护者——德鲁伊。

一　巨石阵与小清新

在英国古老而广漠的平原上，矗立着奇特的巨石建筑，它们栉风沐雨几千年，注视着人间的沧桑，这就是令人百思不得其解的古代巨石阵遗址。这雄伟壮丽的神秘巨石阵吸引了来自世界各地的观光者和众多为之困惑的考古学家、历史学家、建筑学家和天文学家。

巨石阵最早建于新石器后期，约在公元前 2800 年，那时已建成了巨石阵的雏形：圆沟、土岗、巨大的石柱和“奥布里坑群”。约公元前 2000 年开始是巨石阵建筑的第二阶段，整个巨石阵基本形成，这个阶段的主要建筑是蓝砂岩石柱群和长长的信道。巨石阵的第三期建筑最为重要，约在公元前 1500 年建成了沙石圈和拱门，此时巨石阵已全部完工，这就是我们现在看到的雄伟壮丽的巨石阵遗址的全貌。需要指出的是，整个巨石阵的工程需要一百五十万份人工，而整个建筑过程中，始终没有使用轮载工具和牲畜的痕迹。

巨石阵的建筑规模和工程难度对于早期人类来说，简直是不可思议的。它的建成比埃及最古老的金字塔还要早七百年，然而究竟是谁建造了这雄伟的巨石阵，现在仍然众说纷纭。

虽然凯尔特人并不是巨石阵的建立者，但这并不妨碍德鲁伊教士将巨石阵当作自己的圣地使用。每当北半球进入白雪皑皑的冬季时，农夫们早已将土地休耕，森林里的动物们也开始冬眠，农舍和洞穴将凛冽的寒风阻挡在外，让躲在其中的人和动物得到温暖的庇护。到了冬至那一天，“巨石阵”中会出现一群德鲁伊祭司，他们在巨石阵中观测天象以预测未来。

公元 17 世纪，英国考古学家约翰·欧伯利第一次指出：可能就是德鲁伊教士们兴建了著名的“巨石阵”，用来祭祀太阳神贝勒努斯！虽然他的说法有误，但这最终引发了 18 世纪的德鲁伊教复兴运动。公元 1717 年，自称德鲁伊大祭司的威廉·史度克里和约翰·托兰重建了德鲁伊教，尔后的亨利·荷力恢复了德鲁伊的古代教条，使其成为一个类似共济会的慈善团体。有趣的是，在美国的德鲁伊教会却是为了完全不同的目的而成立的。1963 年，北美革新德鲁伊教会成立，而教会却是因为当时明尼苏达州的一群大学生反对学校强逼学生参加宗教服务，愤而成立的组织。后来该组织发展成为提倡自由宗教信仰的德鲁伊教会，并存在至今。

不光是现代文艺青年们将德鲁伊教视为小清新的归宿，现代西式奇幻文学中也对德鲁伊教颇为青睐。奇幻文学中的德鲁伊教士是自然和中立的拥护者，是将整个荒原都当作自己家园的隐士，他们使用自己的特殊力量保护大自然，并且让整个世界获得平衡，这一点充分地表现在各种小说、漫画和游戏产品中。

在 AD&D 游戏中出现的德鲁伊教士对一切事物都持完全中立的态度。但完全中立的角色往往是最不随大流的人，打个比方来说，当善良阵营强大时，他会跑到邪恶一方去；而当邪恶一方占上风时，他又会跑回善良一方去。反正他的目的就是在各种对立的阵营之间维持力量的平衡，用我们中国人的话来说就是“逆风倒的墙头草”。

最著名的德鲁伊教士形象来自暴雪娱乐出品的《魔兽世界》和《暗黑破坏神》系列游戏：游戏中的德鲁伊教士是居住在森林里，亲近自然的法师集团。他们不使用传统意义上的元素魔法，而是用自己的方式来与自然融合，以获取独特的魔法能力。这种魔法能够使他们得到控制火、大地和风的神奇能力。德鲁伊的魔力使他们可以召唤许许多多的植物和野兽帮助自己作战，比如乌鸦、老鹰、野狼、藤蔓，甚至是游荡在荒野中的幽灵；他们自己也可以变成疯狼或者巨熊之类的野蛮动物，从而获得野性的力量，与敌人作战。

在《龙枪编年史》中的德鲁伊教士隐居于森林之中，他们是以草药救人的群体。而在《冰风谷》中库达哈的德鲁伊教士阿伦多很显然是一个粗壮的有知识的人，一点都没有荒原上的蛮族的影子。

当然，并不是所有人都对德鲁伊教抱有好感。在《魔法门》系列游戏中德鲁伊教被指为邪气十足的羊鸣教。在游戏中不要说为羊鸣教出钱出力会身败名裂，就连去羊鸣神庙喝瓶回复药都会产生副作用。除了喜欢剑走偏锋踏上邪恶路线的玩家，一般人对羊鸣教还是敬而远之的。

传统的基督教社会对德鲁伊教的印象并不好，从两千年前恺撒征服高卢开始，罗马人关于凯尔特人和德鲁伊教的负面描写就流传开来。关于这帮凯尔特祭司们用活人血祭神灵的恐怖传说盛行于世，残忍就是西方人对德鲁伊教的第一印象。

这种根深蒂固的偏见非常执着，以至于西方一些货真价实的邪教组织都会努力与德鲁伊教扯上关系，例如“撒旦教”就公然声称他们的宗教源自德鲁伊教。俗话说得好，一粉顶十黑，看来这下子德鲁伊教士们是跳进黄河也洗不清了……

二　透过历史之眼

在本书第一章介绍德鲁伊教的篇章中，我们曾提及罗马人对凯尔特人进行的宣传战。在恺撒等大家笔下的凯尔特人残暴成性，嗜血如命，是文明的罗马共和国必须干掉的对头。覆巢之下岂有完卵，德鲁伊教自然也是罗马人口诛笔伐的对象。更何况当罗马入侵时，德鲁伊教士的煽动是各个高卢部落团结起来奋起反抗的重要原因，所以罗马人不把德鲁伊教骂出花来才怪呢。

随着高卢被征服并罗马化之后，欧洲的德鲁伊教势力只能退缩到大不列颠岛和爱尔兰岛上。当不列颠大半罗马化后，德鲁伊教也差不多烟消云散了。等到公元5世纪基督教一统爱尔兰岛时，这个古老的宗教已经荡然无存。

基督教刚传入欧洲的时候曾被罗马帝国残酷压制，那时候流行的娱乐就是把基督徒放在斗兽场里喂狮子，因为他们是"异教徒"。三十年河东三十年河西，在基督教势力统一欧洲之后，为了加强思想控制，也开始对欧洲各地的原始宗教进行"妖魔化"。梵蒂冈在欧洲各地成立的宗教裁判所祸害起人来并不比罗马帝国手软：将不皈依自己的人斩首、淹死、吊死甚至投入火中烧死。理由和罗马时代一模一样：罪犯们是"异教徒"。

好了，现在让我们沿着历史长河逆流而上回到两千年前，透过恺撒的历史之眼，看看凯尔特的德鲁伊教士的真容究竟是怎样的吧。

我们已经知道德鲁伊阶层垄断了凯尔特社会的知识。作为强势的入世宗教势力，德鲁伊教士们积极干预凯尔特部落的行政司法事务。德鲁伊教对凯尔特社会的影响力遍及方方面面，简直可以说是无孔不入。

作为沟通凡尘与神灵的唯一渠道，德鲁伊教士是主持举办神秘的宗教仪式安抚神灵或传达神灵意志的祭司；是为播种和收获、贵族加冕、对外战争、重大婚礼以及其他所有对部落事关重大之事选择良辰吉日的权威。

除了上述这种先知神棍的角色外，德鲁伊教士还负责执行凯尔特部落中的司法裁判。他们是刑事民事一把抓的大法官，审案断罪、处罚犯人、

德鲁伊阶层垄断了凯尔特社会的知识。作为强势的入世宗教势力，德鲁伊教士们积极干预凯尔特部落的行政司法事务。德鲁伊教对凯尔特社会的影响力遍及方方面面，简直可以说是无孔不入。

当罗马入侵时，德鲁伊教士的煽动是凯尔特人奋起反抗的重要原因

不列颠群岛是德鲁伊教的大本营

划分地界、离婚纠纷、遗产继承等等所有凯尔特内部的法律问题都交由德鲁伊教士以神的名义做出裁决。

凯尔特人依赖德鲁伊教士以凯尔特习俗来做出法律裁判，若是有人胆敢无视教士做出的神圣裁决，那么他就会被剥夺参加部落中的宗教祭礼的资格。这对凯尔特人来说是非常可怕的处罚，因为这意味着被全民拉黑，被彻底踢出朋友圈之外，成为一个贱民了。

还有最重要的一点：德鲁伊教士是凯尔特传统文化和宗教信仰的捍卫者，他们继承和传播了长达数个世纪之久的凯尔特神话传说与宗教礼仪。用更通俗的话来说，德鲁伊教士告诉凯尔特人应该遵守怎样的规矩生活。

既然集如此之多的职责于一身，那么德鲁伊教士自然也在凯尔特人群中极具尊荣。恺撒冷眼旁观凯尔特年轻人蜂拥至德鲁伊教士身边聆听教导的一幕，得出了“他们受到非同寻常的尊敬”这一结论。

虽然凯尔特各部落彼此独立并内斗不断，但德鲁伊教士可以在不列颠、爱尔兰和高卢之间自由旅行。他们不需要上战场厮杀做炮灰，更不必向贵族们缴纳军费战争税，即使是彼此交战的敌对部落也必须保证教士的人身安全，让这些尊贵的智者安全通过。

虽然德鲁伊教士并不需要亲自上阵厮杀，但他们却是那些凯尔特勇士的军师，每一个部落的对外战争都需要教士的运筹帷幄。恺撒曾发现凯尔特人在战场上所获得的战利品并不属于私人所有，如果有战士被贪婪诱惑，那么他会受到严酷的刑罚处分。胜利后的果实如何分配不是俗人应该烦恼的事情，到时自然会有德鲁伊教士献祭给神。如果战事不利，出面转圜调停的也是德鲁伊教士。所有部落的贵族都曾在德鲁伊教士身边接受教育和礼仪培训，这些老师们的话比酋长和国王更有分量。

作为一个深谋远虑的统帅，恺撒发现高卢地区的德鲁伊权力中心位于卢瓦尔河中游的卡努特斯部落领土上，那里是高卢地区德鲁伊大祭司们的聚集点。但整个凯尔特人世界中的德鲁伊教权力中枢并不在欧洲大陆上，经过罗马人的可靠侦察可以得出结论——所有的大德鲁伊都是从大不列颠岛上派遣而来，而高卢地区那些预备被培养为新一代德鲁伊的孩子们，也被送往海峡那边的大不列颠岛接受训练。

三 与智者同行

对德鲁伊教士的教育从被选中者九岁时开始。负责挑选的德鲁伊教士们从高卢的村庄、爱尔兰的树林或大不列颠的山地上找到这些有超常记忆天赋的孩子，并引导他们走上智者之路。由于德鲁伊教的一切知识都只通过口头传承，所以这些孩子需要在大不列颠岛上某片神秘的森林里经过至少二十年时间的训练才能达到合格的标准。

一个合格的德鲁伊教士拥有三个方向的专业知识：汲取和掌握关于过去、现在和未来的一切知识；管理从政治、科学、医药到司法在内的凯尔特人日常生活事务；通过献祭仪式沟通神灵，去预知和影响未来。

德鲁伊教士都是专业的数学家和天文学家，他们精通天象学知识，了解星辰运行的规律。德鲁伊教制定了复杂准确的阴历历法，每月有二十九或三十天，以夜晚而不是白天来计算天数，并有闰月配合保持阴历的准确运行。

罗马人对德鲁伊教士有许多自以为是的揣测。例如他们认为德鲁伊教士都拥有一颗以毒蛇毒液制成的魔蛋，这个神奇的宝物能够保证自己的主人受到凯尔特酋长们的欢迎，并使自己的主人对事物做出真实正确的判断。

罗马人还非常热衷于传播德鲁伊教士对活人进行大屠杀以取悦神灵的残酷做法，但也正是罗马人自己的笔记证明了在凯尔特式的祭祀仪式上，德鲁伊教士一般都是以宰杀动物或毁坏兵器的手段来献祭。

为了平息沼泽湿地的神灵受到鲁莽闯入者打搅后产生的怒气，德鲁伊教士会定期将一些祭品投入其中。这些祭品包括铁锅、战车、兵器等等，偶尔也有活人。而对于河流湖泊等广阔水域，献祭勇士的兵器、盾牌和头盔就更为合适——亚瑟王传说中湖中剑的故事正是根源于此。时至今日，在英国的泰晤士河和威廉姆河中仍然不时会打捞出凯尔特时代丢进去的祭品。鉴于某些已不可知的原因，德鲁伊教士会将长剑等武器扭曲毁坏到不可用的地步后再丢入水中献祭，这种行为让后世产生了无尽的遐想与猜测。

这是一个大不列颠岛上的德鲁伊教士的典型形象

作为沟通凡尘与神灵的唯一渠道，德鲁伊教士是主持举办神秘的宗教仪式、安抚神灵或传达神灵意志的祭司；是为播种和收获、贵族加冕、对外战争、重大婚礼以及其他所有对部落事关重大之事选择良辰吉日的权威。

凯尔特人相信只要拥有适当的知识和技巧就可以占卜未来，所以德鲁伊教士必须要学会通过动物的反应来窥探未来的技巧。他们最常用的办法是观察空中飞过的鸟，一掠而过的飞禽留下的飞行轨迹、方向，乃至于它们爪子的形状都能提供某种暗示信息。遇到更难决断的问题，德鲁伊教士会杀死狗、猫，或者是一头“二师兄”，砸开它们的骨头，吸吮骨髓，吞下生肉，以获得启示。在某些极端的情况下，德鲁伊教士会吞下牺牲品的血肉后催眠自己，这时他祖先的动物图腾会在梦中显灵，告诉他关于未来的答案。

例如在爱尔兰，新国王加冕前要宰杀一头白色公牛。主持仪式的德鲁伊教士会吃下公牛的一部分血肉，并裹着牛皮入眠。在睡梦中，他会得到神灵关于新国王是否称职的启示。

对未来感兴趣的并不只是凯尔特人，罗马人同样渴望获得对未来命运的指点。他们对女性德鲁伊教士更为信赖，时常聘请女德鲁伊为自己占卜未来。

通过女德鲁伊的占卜活动，罗马人得以更准确地发现一些德鲁伊教的小秘密。例如德鲁伊教士会在咏念咒语时敲击自己的指尖，据说这样可以掌握自己所接触之人或事物过去的历史。当然有时候这些占卜师的手势也会有些变化，例如像凯尔特神话中所说的那样，英雄芬恩通过吸吮自己的手指，就可以令自己获得的神奇能力发挥作用。

尽管罗马人无法分辨出德鲁伊教之间的阶层架构和功能职责，但他们至少判断出德鲁伊教士之间存在类似职业分工一般的区分，也就是说不同职责的德鲁伊形成了各自的团体。大致来说负责祭礼的祭司自成一体，负责司法裁判的法官德鲁伊也独立一派，此外还有隐士德鲁伊，以及最受欢迎的吟游诗人德鲁伊。

四　远去的吟游诗人

准确地说，吟游诗人是中世纪出现的概念。

一般认为，凯尔特部落中一些身份特殊的德鲁伊教士就是吟游诗人的滥觞之一。现代西方奇幻文学中的吟游诗人一词直接来自凯尔特语，指的是凯尔特社会中负责以吟唱方式传播神话、记录历史的德鲁伊教士。

吟游诗人是凯尔特社会中广受欢迎的特殊角色

在12世纪的法国出现了演唱方言歌曲的世俗音乐家。这些以浪荡公子面目出现在世人面前的并不是街头卖艺的流浪汉，他们大多是游手好闲的宫廷贵族和骑士阶层。此外还有些处于社会底层、有才华的诗人音乐家等，他们被统称为吟游诗人。

这帮吟游诗人中嗓子好的自弹自唱，嗓子不行的就作词谱曲请别人演唱。在大多数的传说中，他们拿着乐器在王宫和贵族家中出没，大多以“宫廷之恋”为题材表演即兴弹唱。历史上第一个出名的吟游诗人是阿坤廷公爵纪尧姆九世，这位风流爵爷是作诗和唱歌的一把好手，将赫赫大名留在了西方音乐史之上。

在后来的中世纪传说中，吟游诗人逐渐从贵族之家走向民间，如亚瑟传说中的吟游诗人那样，抱着竖琴、吉他、曼多拉、维奥尔与轮擦提琴，行走在旅店、酒馆、荒野与城镇之中，唱起优美的歌曲，讲起久远的故事。

一般认为，凯尔特部落中一些身份特殊的德鲁伊教士就是吟游诗人的滥觞之一。现代西方奇幻文学中的吟游诗人一词直接来自凯尔特语，指的是凯尔特社会中负责以吟唱方式传播神话、记录历史的德鲁伊教士。

在凯尔特部落中，有些擅长演奏竖琴和歌唱的德鲁伊教士们能够熟记数百篇诗歌，牢记四百余位神祇和英雄的身家与伟业，能通过故事讲述部落和所在地区的历史。如果不是拥有特殊记忆能力的德鲁伊，其他人还真是难以做到。

虽然我们缺乏德鲁伊教士在记忆力训练方面的第一手资料，但对于吟游诗人则可以通过其他民族操类似职业者进行一番推测：巴尔干半岛上的塞尔维亚族人一直有用古斯莱琴伴奏演唱史诗性叙事歌的表演传统，歌手在演唱时常用即兴表演带出小高潮。合格的史诗歌手听一遍数千行歌词的陌生曲目，就可以原样翻唱，功力更高的还能进行即时的再创作进行演绎。

这当然不是什么特异功能，歌手的确在记忆力方面有过人之处，而各民族的口头文学各有其专有的创作思路和演绎手法。以塞尔维亚的史诗歌曲为例，每首歌曲的歌词模板、故事主题和表演形式都是经历千百年锤炼后形成的固定套路，歌曲就像是超市里的半成品菜，只要演唱者记住主要角色名字和大致经历，就能直接下锅炒了——外行人瞅着是奇迹，内行人觉得是套路。

凯尔特吟游诗人是活着的民族历史书，是行走的神话播种机，哪怕是在罗马征服不列颠和德鲁伊教灭亡之后，这些幸存者还是顽强地用音乐和歌声把凯尔特英雄的故事从一个角落带到另一个角落，从一个国家传播到另一个国家。

威尔士的吟游诗人存续到 13 世纪，他们的苏格兰同行则一直挣扎到 18 世纪才消失。在他们传唱的神话和传说故事的基础上，基督教的教士们书写了最早版本的不列颠史诗，英法的骑士抒情诗作家创作出了亚瑟王朝与圣杯的传奇。正是由于他们的坚持，凯尔特文化才得以跌跌撞撞、几起几落地延续下来。

今天，德鲁伊教早已消失，凯尔特人也今非昔比，只有歌声未歇，只有传说依旧……

第三节　凯尔特的精与怪

精灵与怪兽是幻想舞台上的常客，古往今来任何一种文明中都不缺少这些臆想出来的超自然生物，更不用说那些对自然现象诚惶诚恐的蛮族了。而虔诚信仰自然之力的凯尔特人，他们的古老文化中充满了各种各样的神灵和精怪。在他们看来，每一片树丛，每一处水洼，每一座高山，每一个洞窟都可能是某个仙灵怪兽的巢穴。

一　凯尔特的水怪

对于凯尔特人来说，水域是各种恐怖水怪纵横的天下。无论是惊涛骇浪的汪洋，还是波澜不惊的池塘，水底都可能潜藏着阴险凶狠的怪兽。

凯尔特神话中的水怪是一个队伍庞杂的集合体，其中名气最大的是寻水兽。

这只怪兽也被音译为阿凡克，据说生活在威尔士北部康威河的亚·阿凡克池沼中。这头怪兽在中世纪早期神话中还是一只“萌萌哒”大海狸，可惜它在人多嘴杂的各路民间传说中渐渐长歪了，最后竟然变成蛇头、豹肚、狮臀加兔子爪的大怪物。人们危言耸听地说，寻水兽象征着混乱和乱伦，所以必定也只能是这幅怪模样。

为了加强细节描写，有些神话中描述寻水兽奔跑起来肚子里会发出一大群猎犬的吼叫声。可它明明都是豹子肚子了，怎么里面传出来的会是狗叫呢？这个复杂的谜题，很有上一次《走近科学》栏目的必要啊……

不过要是仔细看看凯尔特神话中关于寻水兽的故事内容，就不会有如此疑惑了：古威尔士曾有一个爱上自己亲哥哥的公主，为了这段无法实现的虐恋，她不惜将贞洁献给恶魔以换取赢得哥哥爱情的魔法。可是恶魔占有公主之后并没有兑现诺言，反而挑唆怀上魔胎的公主向国王状告哥哥，说自己被哥哥强奸了。国王被这单方面的谗言激怒，没有核实情况便下令侍从逮捕儿子并将其犬决：四十只饥肠辘辘的猎犬蜂拥而上，撕裂了可怜的王子。

就在蒙冤遇害之前，王子愤怒地对妹妹做出了诅咒：你将遭受极大的痛苦，现在撕咬我的猎犬的吼声就是你肚中孩子的语言！于是，接下来的事情就不用再说了吧……

威尔士神话中的寻水兽体形巨大，强壮无比，它虽然在陆地上跑得很快，却更喜欢泡在水里生活。本来这家伙老老实实待在沼泽里泡澡也没啥，可它每逢心情烦躁时就用尾巴搅动河水，没事找事地制造水灾，害得康威河谷里的农人往往在睡梦中就遭受了灭顶之灾。

一场洪水下来，大家的庄稼泡烂了，牛羊淹死了，房屋冲垮了。而大灾之后往往跟着大瘟疫，所以幸免于难者也被随即而来的疫病一个个地放倒。长此以往，谁也受不了啊，于是勇者斗恶兽的时代拉开了序幕！

开始的时候，威尔士人使用的是弓箭和长矛、铁剑之类的传统武器，无奈这寻水兽是因魔法而从河底淤泥中生出的怪兽，浑身上下那是刀枪不入。而且它的尖齿利爪带有剧毒，被它所伤之人均难逃一死，几番大战下来威尔士人伤亡惨重。

虽然战事失利，但因寻水兽而家破人亡的威尔士人不肯善罢甘休。大伙儿召开了“阵地诸葛亮会”商议对策，其中一位神秘的山谷老人说，强攻不能胜那么就试试智取吧——听说寻水兽挺喜欢美女……

于是大家打造了坚固的大铁链，又请来了凯尔特英雄胡加达，让他带着两头威尔士岛上最强壮的长角牛一同加盟。

胡加达带着他的牛和铁链藏在寻水兽游泳之地附近的树林里，一个勇敢的女孩作为志愿者坐在水边充当诱饵。寻水兽果然上当了，它从水里出来，把头放在女孩的腿上，用一只爪子抓住她的乳房睡着了。

看到寻水兽中计了，胡加达和其他威尔士汉子们一拥而上，用铁链锁住了寻水兽，吆喝起长角牛就把这怪物往岸上拖！寻水兽惊醒后才知道上当了，它恼羞成怒，用利爪撕裂了女孩的胸膛，接着一头扎入了水中。

但胡加达吆喝着他力大无比的牛，硬是将挣扎的寻水兽给拖上了岸，接着又将这个暴躁的怪兽一路拖到莫尔伯赛德山下深不见底的蓝色喷泉湖边。在那里大家松开铁链让寻水兽坠入深蓝色的湖水，从此这只怪兽再也没能打扰威尔士人的安宁。

寻水兽故事奠定了后来诱捕独角兽故事的模式。在许多欧洲神话中，怪兽都不能抵挡美丽清纯的少女之诱惑，而寻水兽的故事就是不同文明间神话互相影响的一个例证。

不过，凯尔特人剑走偏锋的次数不少，他们神话中的马形水鬼“凯尔派”更是水怪神话中的泥石流。

凯尔派是一种会变形的精灵，在凯尔特神话中常以骏马的形态出现在沼泽或湖边，诱拐或欺骗旅人坐上自己这辆“黑车”。一旦受害者肥羊入圈上了贼马可就下不来了。凯尔派的皮肤会紧紧粘住目标，然后一个猛子扎进水里将其淹死。

古代苏格兰的凯尔特人对这个神话深信不疑，他们认为只要被淹死者身上带有水草或沙粒，就能肯定他是凯尔派的受害者。而相应的，要识别一个水边的帅哥是人是妖，只要留神看他身上是否沾着沙粒，头发里是否

凯尔派

凯尔派是一种会变形的精灵，在凯尔特神话中常以骏马的形态出现在沼泽或湖边，诱拐或欺骗旅人坐上自己这辆“黑车”。一旦受害者肥羊入圈上了贼马可就下不来了。凯尔派的皮肤会紧紧黏住目标，然后一个猛子扎进水里将其淹死。

混杂着水草就能判断。

在凯尔特神话中，凯尔派并不是一匹马在战斗——还有一个与它很类似的怪物水马存在。这哥俩各司其职，一个负责淡水，一个负责咸水，并且饮食口味也大有不同：凯尔派一般只是将旅人淹死在沼泽湖泊后就收手，至少能给受害者留个全尸。而海边的水马则从不浪费食物，它会将自己的猎物吃个精光，只留下自己不爱吃的肝脏……

当然，不同地区的凯尔特人对这两种怪兽的看法并不一致。比如苏格兰人就认为凯尔派和水马根本就是同一种水精灵，而威尔士人则坚持它们是两种生物。

从不列颠群岛到冰岛，一路上都有关于凯尔派的传说。奇妙的是，各地的凯尔特人都认定这是一种特别容易动情的怪物，后来这种认知被延续到了不列颠版本的独角兽故事中。其中在苏格兰地区流传最广的一则传说是个爱情悲剧。故事发生在苏格兰的斯开岛上：有一个凯尔派爱上了一位美丽的苏格兰姑娘，于是化身凯尔特帅哥接近她大献殷勤。然而，当两人在一起如胶似漆的时候，慧眼如炬的姑娘发现她的爱人头发中有沙子，于是一言不合就逃离，留下痛苦的怪物带着累累情伤坠入水中。

在苏格兰高地的洛哈伯地区也有一出凯尔派主演的情感闹剧，剧情比斯开岛上那出更为复杂：一个凯尔派因为迷恋一位农夫的女儿梅丽，每天晚上都化身为一个男人到这位农夫家中拜访。毛脚女婿上门岂能空手而来？所以这位情种每天都带上很多鳟鱼。梅丽这个女孩非常敏感，她总觉得这位神秘访客怪模怪样的，不像正常人。梅丽的猜疑让她的母亲感到担忧，于是赶紧找到街坊老姐们八卦了一番。虽然苏格兰大妈们不跳广场舞，但战斗力也是杠杠的，其中有位天资聪颖的大妈跑去给梅丽她爹传授了一个开水退妖大法。

农夫鼓起勇气烧好了开水，又扮作女儿模样。倒霉的凯尔派如往常一样带着许多鳟鱼上门拜访，结果一锅开水哗啦啦就泼在他的脚上！这一家伙就把凯尔派的脚烫得裂开了。凯尔派现出原形，愤怒地质问这个假梅丽究竟是谁，狡猾的农夫丢下一句“是我”就逃走了。

受伤的凯尔派回到湖边召集同伴去报仇雪恨，同伴们纷纷问他：仇人

水马是凯尔特神话中的另一种马形妖兽

水马是凯尔派的一种变形。它是一种半人马侏儒，或是全身裹着水草的水鬼的形象。水马倒也不一定只是为了杀人而出现，有时候也会出于好意而现身警告人们有落水溺死的危险，有时则是会偷走凯尔特人牲畜的小偷。

到底是谁？这倒霉蛋脑子一短路回答说："是我！"义愤填膺的同伴们一听，纷纷表态：既然是你自己不小心弄伤的，那就自己想办法解决吧，大伙散了吧，散了吧！

这才叫一往情深终被伤，赔了鳟鱼又瘸腿……

当然，凯尔派还是有得手的时候，所以苏格兰人认定，只要是头发里有沙子的人，不是凯尔派就是凯尔派与人类的混血儿——人是人，妖是妖，人妖也是妖！

凯尔特神话中的凯尔派形象除了骏马或帅哥之外，还有半人马侏儒，或是全身裹着水草的水鬼等形象。它们倒也不一定只为了杀人而出现，有时候也会出于好意而现身警告人们有落水溺死的危险，有时则是会偷走凯尔特人牲畜的小偷。

对于凯尔特人来说，所有的水域都有属于自己的凯尔派守护。这些水精灵为后来欧洲的独角兽传说增添了几许不一样的色彩。

二 恶魔之母奎尔斯纳克

对于爱尔兰岛上的凯尔特人后裔盖尔人来说，圣帕特里克降服恶魔之母奎尔斯纳克远比这位基督教圣徒消灭毒蛇的故事更为精彩。

在爱尔兰岛的古代凯尔特神话中，在地球深处的火焰与岩浆中生存着女妖奎尔斯纳克一族。这位女妖是在地球创始之初，从大地深处的灼热蒸气中生出的恶魔始祖。在基督教传入之前，整个爱尔兰岛已经在奎尔斯纳克及其子孙的恐怖统治下战栗多年。

圣帕特里克是一位威尔士传教士，他在十六岁时被爱尔兰人掳掠沦为奴隶，在荒芜的爱尔兰岛上当了六年的放羊娃。后来他逃回威尔士，四处宣称是上帝的声音指引他逃至海边并找到了渡船得以回家。

当时整个英格兰地区还处在罗马帝国的统治之下，而基督教已经被确立为罗马的国教。圣帕特里克奇迹般的逃脱很快被视为基督教的神迹，于是他被召到罗马觐见教皇，并受委托返回爱尔兰岛，让生活在其地的凯尔特异教徒们皈依上帝。

在爱尔兰岛的古代凯尔特神话中，在地球深处的火焰与岩浆中生存着女妖奎尔斯纳克一族。这位女妖是在地球创始之初，从大地深处的灼热蒸气中生出的恶魔始祖。

恶魔之母奎尔斯纳克

圣帕特里克勇敢地返回爱尔兰岛，在岛屿东部的威克洛上岸后，当地愤怒的凯尔特异教徒打算将这个传教士用乱石砸死。没想到圣帕特里克临危不惧，舌战群蛮：他摘下三叶草，宣布这就是圣父、圣子、圣灵三位一体的象征。

淳朴的凯尔特人为他的雄辩折服，从此开始皈依基督教。

在很多中世纪的手稿中，都将圣帕特里克登陆之前的爱尔兰人描述为动物一般的蛮族。例如有故事讲述，圣帕特里克显示神迹后被引到当地女王的宫殿，而女王和侍女们为了向这位老先生表示尊重就施以大礼——礼节居然是拉起裙子露出下体！

此时，邪恶的奎尔斯纳克仍然统治着爱尔兰岛。她和她的孩子们个个都是喷火怪兽，凡是忤逆她的爱尔兰人都会葬身在滚滚地狱火焰之中。

圣帕特里克向上帝祈求庇护。在神的指引下，他穿上铠甲，拔出宝剑，像个野蛮人那样与恶魔开战。就这样，圣徒与恶魔之母在公牛山大战了两天两夜，最后奎尔斯纳克不敌上帝的战士，落荒而逃。

为了阻挡追兵，奎尔斯纳克喷吐剧毒的火焰，烧干了路上所有的水源。然后得意扬扬地回到香农河畔的德格湖。这座大湖水深接近四十米，被爱尔兰人认为是地狱的入口。

没想到圣帕特里克已经在上帝神力的帮助下先到达了湖边，于是奎尔斯纳克硬着头皮继续与圣徒厮杀。两人从湖畔打到湖中，从湖中打到湖底，最终，恶魔之母逃进湖底的地狱入口，而圣帕特里克封闭了入口，让这个恶魔再也不能为祸人间。

奎尔斯纳克的形象明显是凯尔特神话中的战争女神和盖尔人女性领主的融合体，恶魔之母的邪恶形象象征着凯尔特人被基督教驯服过程中的反抗者。随着蛮族的神灵沦为被封印的恶魔，蛮族文化的优势地位也随之烟消云散……

三　杀不死的阿巴特

“吸血鬼”对于现代读者而言已经不是什么新鲜的概念了。古希腊末期的新柏拉图主义认为，灵魂终将“逃离身体”，而基督教受其影响，进而认为灵魂不灭，死亡只是灵魂进入冥界的过程，所有生命都将在最后审判中复活。

虔诚的好人自然上天堂，异教徒只好下地狱。这样就引申出一个关于灵魂何去何从的问题。基督教有种救赎的观点，就是说，违背基督教教义的罪人在临终时悔过并接受涂油礼仪式之后灵魂便能得到拯救，从而避免在末日审判中下地狱。而那些执迷不悟的异教徒和自杀、被开除教籍的人，则无法得到救赎，最终会成为受难的灵魂。

在最早的吸血鬼传说中，这个受难灵魂的概念就是吸血僵尸的理论基础。耶稣在最后的晚餐中以葡萄酒和面包象征自己的血和身体，并说血可以救赎。而某些原始的基督教教派片面地理解了这一圣谕，将此观念与日耳曼的人祭习俗相结合，因此走上了饮血、人祭，甚至是吃人的邪教路子。

公元 785 年，法兰克王国的查理曼大帝宣布，凡是食人以及饮血的基督教教徒一律处死，但是血液代表神力的观念并没有随着国王的禁令而烟消云散，相反，这种意识一直流传下来，成为吸血僵尸传说的滥觞。

罗马尼亚的德库拉伯爵可能是历史上最著名的吸血鬼形象了，但你可知道，爱尔兰岛上也有一位酷似德库拉的僵尸军阀么？这位就是凯尔特神话中的吸血鬼——阿巴特。

爱尔兰西北部的德里城号称“处女之城”。之所以有这个名字，倒不是因为城中民风保守，人人洁身自爱，而是因为它的城墙从未在战争中被攻破过，算是欧洲历史上少有的“从未失守之城”。

德里城附近的里加尔地区有一个名叫莱提福汀的地方，这里耸立着一座奇怪的侏儒纪念碑，纪念的是一位在传说中身兼巫师、凯尔特国王和吸血鬼数职于一身的本地名流——侏儒阿巴特。

在爱尔兰的传说中，阿巴特曾是一位颇有作为的君主，他率领军队远赴东欧，参与过击退奥斯曼土耳其帝国入侵的战役。但返回爱尔兰后，这位原本身残志不残的国王却变得暴虐无比，他开始用邪恶的黑魔法统治国家，人民处于恐惧之中。

在爱尔兰的传说中，阿巴特是一位开始颇有作为，后来变得暴虐无比的君主。他被部下杀死埋入坟墓后，破土而出，四处游荡，趁黑夜吸食人的鲜血。

杀不死的阿巴特

在阿巴特残酷杀害了邻国国王之后，他手下的一名将军终于鼓起勇气刺杀了自己的侏儒君主。为了表示对阿巴特国王身份的尊重，凶手将他的棺木竖起来，埋入竖井一般的墓穴，好让死去的国王保持着站立的姿态。

可怕的事情就此上演了：阿巴特入土不安，他挣脱坟墓后出现在大地上，向自己的臣民索要血祭以延续自己的生命。杀死阿巴特的将军壮着胆子再一次杀死了自己的前领导人，又按老规矩把他竖着埋进了坟墓。结果阿巴特再度破土而出，在莱提福汀四处游荡，趁黑夜吸食人的血液，搞得人人自危。

束手无策的将军只好去向德鲁伊教士请教。德鲁伊教士以超凡的智慧指点迷津：用紫衫木制成的短剑杀死吸血鬼，然后将其大头朝下倒立埋葬，即可解决问题。将军立即照办，此举果然让阿巴特彻底安静下来。为了以防万一，莱提福汀人栽种荆棘，封锁了吸血鬼的坟墓，还将一块巨石压在他的坟头上。

阿巴特和德古拉这两个形象极为相似，那么，到底是谁抄谁呢？这一直是个有争议的话题。阿巴特的故事首见于爱尔兰作家帕特里克·韦斯顿·乔伊斯的《爱尔兰名字的起源与历史》一书中，这部书出现的时代晚于德古拉伯爵，所以很多人认为这个凯尔特吸血鬼来源于罗马尼亚吸血鬼的传说。

但也有反对者认为，在乔伊斯写作的时代，不同国度的文化交流可不像现在这般方便。从 11 世纪开始，欧洲各地都有僵尸自行离开墓穴的可怕传闻，所以阿巴特就是凯尔特神话中土生土长的产物。

例如东普鲁士贵族史泰诺·德·莱登男爵的传说：这位爵爷很留恋人世，没事就爬出坟墓四处遛弯。于是没见过世面的普鲁士人大惊小怪，以为碰见了吸血恶魔，他们叫上当地的教士跑去挖坟掘墓，以令莱登男爵灵魂安息的名义用剑刺穿了他的遗骸，然后再用火烧了个干净。

在英国，沃尔特·梅普的《法庭琐事》和威廉姆·德·纽堡格的《英国国教史》等著作中都提及关于吸血鬼的事例，其中的僵尸都是被开除教籍的死者，他们每晚都晃晃悠悠地爬出墓穴去纠缠自己的亲人，折腾得鸡飞狗跳。

虽然事实很可能是被埋在棺材里的人并没真正死去，他们只是昏迷后被埋进了墓穴，等挣扎着爬出墓穴后，却被昔日的亲朋当作僵尸对待。当时的人们不知道该怎样称呼这种骇人的现象，于是将这些“死而复生者”视为“吸血的死者”。

僵尸复活的现象在黑死病横扫欧洲的14世纪变得非常普遍，在这场夺去了欧洲三分之一人口的巨大灾难面前，许多病人被潦草地宣布死亡后投入埋藏极浅的墓穴中。这些拼命挣扎，用手抓破棺材、刨穿泥土的可怜虫自然也留下了斑驳血迹，于是人们更加相信吸血僵尸的传说了。

但不论怎样，被德鲁伊教士镇压的阿巴特的故事告一段落了。

爱尔兰人将他的坟墓称为“巨人古墓”，并立下石碑以资纪念——这就是爱尔兰人的幽默感。

四　报丧女妖班西

爱尔兰的报丧女妖名叫班西，它的盖尔语原意指的是“拥有超能力的精灵女子”。在有些版本的神话中，报丧女妖是个丑陋的怪物：她有一对猩红的眼睛，满口獠牙和只有一个鼻孔的大鼻子。如果她开始走动，你会发现她长着青蛙一般的脚掌，这相貌怎么看都不让人喜欢。

当然，并不是所有神话中的报丧女妖都是这副吓人的尊容：按照凯尔特女神特有的三位一体传统，报丧女妖的形象会在身披白纱的美丽少女、着一身洗衣妇服装的中年主妇或是披着裹尸布的老妇人之间来回转换。

不论报丧女妖以何等装扮出现，都不会令人感到愉快——从她的名字上你们也能猜到原因了……

在爱尔兰的神话中，报丧女妖往往被归为精灵一类或是达南神族的一员。有时候人们直接将她与乌鸦女神摩利甘的形象视为同一，毕竟乌鸦女神也会向将死之人宣告噩耗。

在苏格兰版本的神话中，这些被称为班西的女子会在将死者面前清洗他们的铠甲或者是血衣，更是与乌鸦女神常干的事情相吻合。尤其是班西也会变作灰鸦、白鼬、野兔或黄鼠狼等在凯尔特神话中与巫术有密切联系的动物，更容易让人们分不清楚班西与摩利甘谁是谁了。

不过这些报丧女妖其实是无害的，她们并不像摩利甘那样伤害他人。女妖们的职责极为固定，只管以哀号带来死亡的讯息，当然这种消息对于被拜访者来说也一样有令人魂飞魄散的恐怖感。

在不同地区的神话里，报丧女妖们发出的声音也各不相同。在伦思特，班西的哭号尖利得能震碎玻璃；在凯里郡，她的哭声则宛如低沉悦耳的歌声；在蒂龙郡，这声音像是有人不停地敲击棺材板；在拉斯林岛上，这声音简直叫人分不清是女人哭还是夜猫子叫。

离开爱尔兰，苏格兰人普遍认为班西是为将死之人而悲伤号哭，他们进而认为这些女妖都是那些不幸被谋杀的少女冤魂所化。对此，威尔士人也持有类似看法，他们将班西称为“雾中鬼婆”。而在挪威和美国南部乡村，人们更喜欢将其描绘为夜里开窗时会无意中撞见的惨叫女鬼。

按照爱尔兰人的传说，报丧女妖只针对几个大家族通报噩耗。他们是奥尼尔、奥布莱恩、奥康诺、奥格拉迪斯和卡瓦奈五家，以及与这五个大家族有联姻关系的其他家族。

也就是说，如果你不是出身于爱尔兰的贵族之家，那么这些来自另一个世界的超自然信使还真懒得搭理你！

苏格兰人对此表示同意，在他们的传说中被报丧女妖班西通报死亡的都是那些将死于暴力的贵族。例如苏格兰王詹姆斯一世曾遇到一位神秘的爱尔兰女人，这女人告诉国王，他将被自己的叔父阿瑟尔伯爵刺杀。这个女人就是班西。

威尔士人认为，即使是噩耗也不应该漏掉平民百姓，所以他们的民间传说中，额外又增加了一个神秘的超自然生物安吉尔斯特，这个生物的模样谁也没有见过，只知道它寄生在一棵三千岁紫杉古树的主枝下面。

每年万圣节时，安吉尔斯特就会出现在欧兰格纳教堂里宣读死者名单。每逢这个时候，乡亲们都战战兢兢守在门外倾听自己有没有“中彩”。据说曾有个叫尚·爱普的裁缝喝多了酒，突发神勇，竟然在损友的怂恿下打算进入教堂一窥安吉尔斯特的真面目，结果当他走到门口时竟然听到了自

报丧女妖班西

爱尔兰的报丧女妖名叫班西，它的盖尔语原意指的是“拥有超能力的精灵女子”。在有些版本的神话中，报丧女妖是个丑陋的怪物：她有一对猩红的眼睛、满口獠牙和只有一个鼻孔的大鼻子。

己的名字。

裁缝的酒被吓醒了，但无论他怎样在门外苦苦哀求，还是很快就死了。

报丧女妖偶尔也会做做兼职。爱尔兰神话中讲过她们会在真正的国王加冕时哭号以庆贺：据说在伟大的爱尔兰王布赖恩·博鲁加冕时便有人听到这种哭号。

以上都是单枪匹马出场的报丧女妖，有时候她们会集群出现。这种情况比较少见，据说只有在伟人或圣徒即将离世时才会遇到。

报丧女妖形象的出现与凯尔特部落的丧葬传统有很大关系。按照传统，在埋葬死者的时候，会由一位女子唱挽歌进行哀悼。在爱尔兰这种女子被称为“哭丧女”。哭丧女算是专业人士，需要有高明的专业技巧和过得去的容貌才能胜任。

说到这里，我们试想一下这几个要素：凄婉的歌声、美丽的歌女、部落集会——按照凯尔特的传统，这时不传出点儿绯闻简直不像话啊！

事实上，古代的爱尔兰人早就考虑周全，所以也为班西留下了一段浪漫的传说：那些身穿白衣的美丽报丧女妖往往会用精美的银梳子梳理自己的白色长发，而英俊的少年啊，如果见到掉在地上的银梳子时可千万别俯身拾取。因为那是动情的班西留下的信物，一旦捡了起来——

没有一点点防备，
也没有一丝顾虑，
班西就这样出现在你的世界里，
带给你惊喜，拐走了你……

五　鸠占鹊巢调换儿

中国有句成语叫作鸠占鹊巢，讲的是杜鹃鸟自己从不孵蛋，它偷偷摸摸飞到其他鸟类筑的巢中，生下自己的蛋。等到不知情的户主把小杜鹃孵化出来，这小恶魔就会立刻将其他的鸟蛋和雏鸟踢出鸟巢，好让可怜的养父母只喂养自己这个狸猫换太子的西贝货。

在凯尔特神话中也有类似的“杜鹃鸟”，它们就是令人不寒而栗的“调换儿”。

在曾经受到凯尔特文化影响的整个西欧地区，广泛流传着一种神话：妖精、巨人、精灵和恶魔等非自然生物会趁着人类家庭喜添新丁时，将自己的后代变作人类婴儿模样去调包，甚至有的时候被调包后的所谓“孩子”只是一根被施过魔法的木头。这种迷信的来源非常清楚：古代凯尔特人无法理解部落中为何会诞生身体残疾者或是智力低能儿，所以宁愿相信这是神鬼调换的结果。

调换儿的神话在受凯尔特文化影响的欧洲各地广泛传播，不同的国度都对此进行了富有民族特色的发挥：

挪威人认为妖精为了避免近亲繁殖，希望引入人类的血统，为此他们会将自己的婴儿与人类婴儿进行调换。作为回报，人类可以得到具有妖精怪力的孩子。有时候即将死去的老妖精会变作人类婴儿，以便享受人间舒适的生活和人类父母的照顾。但这些老妖精都已接近寿终正寝，所以他们变成的婴儿注定会早早夭折。

在苏格兰民间传说中，妖精需要向恶魔献祭自己的孩子时，就会偷来人类的孩子进行代替。如果一个婴儿生下来时整张脸都被胎膜包裹，那他一定是个调换儿。

英格兰人认为，精灵对金发碧眼的孩子有难以克制的兴趣，有时候他们甚至连金发美女也不肯放过，会一并带走。精灵偷走婴儿后会让一个同伙扮成婴儿的模样留下来，以免穿帮。他们会善待偷来的孩子，并让这孩子长大后成为精灵中的一员。只是被留下来假扮婴儿的那一位很难长时间忍受人类生活，往往会在粗心大意之时穿帮。

法国人相信仙女非常喜欢金发碧眼的婴儿，所以她们时常会偷走人类的婴儿，将孩子们带到仙冢中做侍童。关于这一点在亚瑟传说中曾经多次提及，例如仙女薇薇安和摩根都是经常管不住自己手的诱拐惯犯。

德意志人认为，巨魔会带走未受基督教洗礼的孩童，一旦孩子受过洗礼成为基督徒，巨魔便无法诱拐。与此对应的是巨怪也很羡慕人间的生活，所以才会想将自己的孩子调包给人类抚养。

鸠占鹊巢调换儿

在曾经受到凯尔特文化影响的整个西欧地区，广泛流传着一种神话：妖精、巨人、精灵和恶魔等非自然生物会趁着人类家庭喜添新丁时，将自己的后代变作人类婴儿模样去调包，甚至有的时候被掉包后的所谓“孩子”只是一根被施过魔法的木头。这种迷信的来源非常清楚：古代凯尔特人无法理解部落中为何会诞生身体残疾者或是智力低能儿，所以宁愿相信这是神鬼调换的结果。

瑞典人也对巨魔调包孩子一事颇为上心，他们有这样的民间故事：一位公主被森林里的巨魔拐走，化身为公主的巨魔之女在宫廷长大，人类公主则在森林生活。两个孩子都非常不适应，很不快活。当公主被迫要嫁给一个巨魔丈夫时，她终于鼓起勇气逃回了人类世界，巨魔女孩也在事情被揭穿后逃回了森林。在自己本该存在的世界中，她们两个都非常快乐并找到了真爱。最终两个女孩在同一天的不同地点各自举行了婚礼。

在爱尔兰人看来，过分地赞美新生儿是很危险的举动。因为婴儿没有抵御妖精魔法的能力，这种赞美很可能招来人类世界之外的危险视线。与此同理，对身材健美或相貌俊美的成年人过分夸赞也是不得体的行为，因为那些躲藏在另一个世界里的诱拐犯可是大小通吃的！但如果已经来不及阻止嘴快的人怎么办呢？那就还给对方一些赞美和祝福，把诱拐犯的注意力转移过去就好了。

在欧洲历史上，调换儿的迷信曾带来很多闹剧。

苏格兰人懂得智取调换儿：在一则古老的民间传说中，一位母亲怀疑自己的孩子有问题，便与邻居串通演了一出戏。有一天邻居冲进房子里大喊：快看，妖精山丘起火啦！摇篮里的婴儿立刻跳起来哭喊：啊，着火啦？我的老婆孩子可怎么办啊！说完，这个调换儿一溜烟就从烟囱里逃走了。

还有一个德国故事也讲述了以计取胜的故事：一位母亲发现自己的孩子除了吃喝之外只会瞪着眼睛什么都不做，便向邻居求助该怎么办才好。聪明的邻居告诉她，如果能逗得调换儿发笑就能击败他，于是这位母亲把两个蛋壳装满水后放到灶台上去烧水。襁褓里的调换儿忽然哈哈大笑着说：虽然我是块木头，也知道用鸡蛋壳烧水是蠢透了的法子！这下调换儿的把戏穿帮，一群小妖精无奈地现身交出真正的孩子，扛起那根露馅的木头走人了。

除了引调换儿发笑以外，北欧人习惯于在孩子的摇篮里放上打开的剪刀，因为他们相信偷盗孩子的妖精害怕铁器。如果害怕剪刀造成危险，那么将父亲的外套里外翻转后盖在摇篮上也可以保护孩子。绝大多数被诱拐的调换儿传说是针对男婴的，甚至造成了德意志农村地区男孩穿裙子一直到十一二岁的风俗。

英格兰人一直传说康瓦尔郡的史前巨石群由一群能奇迹般治愈各种疾病的小精灵看守。这些富有正义感的小精灵会帮助受难的母亲，只要母亲抱着调换儿穿过巨石群围成的圆圈，就能逆转邪恶的咒语，把自己真正的孩子带回身边。

但很多时候，调换儿的迷信带来的还是灾难，因为愚昧的家长往往选择杀婴来解决问题。

16 世纪宗教改革时期的旗手马丁·路德曾经信誓旦旦地指认莱比锡一个脑袋极大的畸形儿就是恶魔派来的调换儿，他斥责这个不幸的孩子是没有灵魂的行尸走肉，结果这孩子很快倒了大霉。

既然马丁·路德这样的人物都会犯下这等大错，那其他人就更不必说了。同样是在 16 世纪，波兰弗罗茨瓦夫地区的一个农妇刚生孩子不到一星期就被领主召去割草干活，在田间休息时，她从孩子喝奶时的古怪举动判断出他是个调换儿。这位手足无措的母亲向领主老爷求助，“睿智”的领主吩咐她去毒打新生儿，直到魔鬼现身把真正的孩子还回来为止……

在西欧和北欧，人们相信，如果把调换儿放进火里，它们就会被烧得窜进烟囱里并交还人类的孩子。这种粗暴的解决方案酿成了很多不幸的悲剧。直到近代，在瑞典还有一位母亲因为在烤箱里烧死了自己的孩子而被送上了法庭。

至于在凯尔特文化的大本营不列颠群岛上，曾有无数起父母为了从痴呆的孩子身上驱走“仙女”而火烧水淹引发的惨剧。综观维多利亚时代的刑事案卷，里面有数不胜数的家庭谋杀案是因为调换儿迷信而起。案例里面创纪录的一位母亲经过三次谋杀尝试后才把自己的唐氏儿淹死，她在法庭上为自己辩解，她这么做是为了赶走作恶的“坏仙女”，以夺回自己真正的孩子。最后法庭陪审员一致为这位凶手开脱，因为大家相信应该绞死的是调包的仙女……

调换儿的迷信在爱尔兰某些地区一直持续到近现代，甚至到了 1895 年还发生了一桩丈夫怀疑妻子是调换儿而将其杀害的惨剧。

1911年，英国民俗作家艾德文·西德尼·哈特兰曾在书中感叹，凯尔特信仰中流传下来的调换儿迷信造成了多少人间悲剧！不过他也认为正是由于调换儿的迷信，使得古代欧洲残暴不仁的地主贵族不得不略微放松对农民的压榨，允许生产后的妇女有六周左右的休息时间，以保护自己的婴儿不被偷走。

也许，这是调换儿迷信所留下的唯一正面的遗产吧……

六　我是猫妖精

在苏格兰的凯尔特村庄中流传着一个关于猫王的传说，内容大致上是说一个农夫在月圆之夜回家途中，见到村口桥头上有一群猫正在集会。在好奇心驱使之下，这位农夫上前一窥究竟，却赫然发现这群猫各个口吐人言，正在举行悼念猫国国王陛下的葬礼。

农夫待这群猫散去之后才回到家里，还没等他把这惊人的事情告诉妻子，妻子便抢先对他说，当天家里那只总是趴在暖炉上的懒猫出了状况——这家伙睡着睡着忽然站起来大叫一声："什么？我是下一任的国王！"然后就飞出烟囱，再也没有回来。

这个故事在苏格兰和爱尔兰都有流传，细节稍有不同，但故事大同小异。英格兰的故事里情节更为丰富：

故事发生在英格兰的某个乡村：一位英国乡民走在月圆之夜的乡间小路上，机缘凑巧遇到九只胸前有白毛的大黑猫正抬着一个带有王冠标志的棺材走向墓地。其中一只猫看到这位震惊无比的乡民后跟他打了个招呼，用纯正的英语告诉他："请你回去告诉汤姆，它的朋友提姆去世了！"

乡民于是赶忙跑回家把这件事告诉他的妻子和爱猫老汤姆，没想到一向不显山不露水的老汤姆立刻跳起来说："哎呀妈呀，老提姆死了？你们知道不，那么我就是下一任猫王啦！"说完，老汤姆爬上烟囱，从此再也不见了。

这些酷爱爬烟囱的老汤姆、老提姆之流就是凯尔特传说中特有的猫妖精。在凯尔特人口中，这些妖猫大多是胸前有一大片白毛的黑猫。它们擅长人类语言，以人类的姿势直立行走，双足穿着长靴，衣着华丽，头顶皇冠，以亚洲气质舞王般的潇洒姿态穿梭于城市之间。

在苏格兰高地上的猫妖精传说中，这些猫通晓人类各国的语言，拥有极高的知识水准。并且传说中除了猫妖精外还有狗妖精，只可惜狗妖精的故事不像猫妖精那样流传广泛。

在欧洲民间故事中最有名的一位猫妖精应该是法国童话《穿靴子的猫》中的主人公，但是追根溯源，这些喵星人的故事最早还是从苏格兰高地中的凯尔特部落口口相传而来，它们的原型是在不列颠群岛流传数千年的凯拉斯巨猫传说。

在苏格兰和英格兰地区有一个流传至今的巨猫传说。在传说中，这是一种黑毛油光锃亮的狮子一般大小的巨型猫科动物，这就是后来以“英国大猫”的绰号在神秘动物界名头响当当的凯拉斯猫。

之所以叫凯拉斯猫，据说是因为首次目击事件发生在一个叫凯拉斯的小村庄的缘故。英国民俗学家认为，正是凯拉斯猫引发了持续数千年的猫妖精神话。这种狡猾的大猫行踪不定地在不列颠群岛上时隐时现，让神秘的火焰经久不息地在人们心头跳动。直到有一天，一位猎场看守一枪撂倒了一只凯拉斯猫后，才得以真相大白——这是一种野猫和家猫串种后繁衍出来的大型猫，虽然身长接近一米，但比起狮子来还是差得远了。这样一来，搞得历史上那些兴致勃勃地描述着这种神秘动物的作家们有些灰头土脸，关于大猫巢穴附近会排列着被它杀死的从猞猁到牧羊犬甚至是猎手的尸体的英国传说更成为笑柄。

无论凯拉斯猫的真相究竟怎样，都没能阻止猫妖精传说的大肆流行。虽然开篇提到的老汤姆故事比较好笑，但苏格兰人对猫妖精还是秉持敬而远之的态度。

远古时代凯尔特部落中就流传着猫妖精会偷灵魂的传说。直到中世纪，苏格兰村庄中仍然有不许猫靠近未下葬棺材的传统。苏格兰人相信死者的灵魂如果被猫妖精偷走，那么他注定无法在上帝面前得到救赎。于是在葬礼上，人们会用舞蹈、音乐、猜谜语和摔跤游戏来转移那些猫咪的注意力，此外还有必杀技——在其他房间放上猫薄荷来诱惑那些意志不坚定的猫妖精。

在这一点上，需要把猫妖精和尸罗做严格的区分。

凯尔特神话中的尸罗是一群不安分的罪恶灵魂的集合体，天堂和地狱都不是它们的归宿，凯尔特诸神排斥它们，整个地球上都没有尸罗的容身之处。

尸罗总是成群结队地在天空中由西向东飞行，寻找濒死之人，一旦发现目标，它们就会一拥而上，将其灵魂拉入自己的行列。为了防止尸罗抢走死者的灵魂，凯尔特人在举行葬礼时会关闭所有西向的窗户，直到死者入土为安为止。

有时候力量较为强大的尸罗会直接掠夺健康人或动物的灵魂，凯尔特人的对应之道是在天空中乱鸟飞舞时尽量待在室内，少去人迹罕至之地。因为人类灵魂一旦被尸罗拉入伙后就会变成尸罗的一员，永无被救赎的机会了。

猫妖精非常敏感，特别记仇，睚眦必报。苏格兰人坚信农夫挤奶时如果有猫前来乞食，那绝对不能拒绝。因为大家都知道，猫妖精会保佑那些给它喝过牛奶的农庄，让其产销两旺。而如果一个农夫的奶牛莫名其妙地不再产奶，那十有八九是因为没有讨到牛奶喝的猫妖精在作祟报复。

当然，也有一些民间故事认为，猫妖精并不是真的动物妖精，而是巫师或德鲁伊教士的化身。在维京海盗入侵高卢的时代，高卢人曾经浴血奋战，保卫家园。在此期间涌现了许多讴歌勇士抵御侵略者的故事，其中有一个猫妖精安娜的传说很是感人。

安娜的丈夫依云是一个受到丹麦人侵略的凯尔特部落的首领。依云率领自己的儿孙与入侵者展开了血战，但因为寡不敌众，被敌军重重包围，眼看就要命丧黄泉。安娜是一个女德鲁伊，她在危急中将自己变作巨猫，以能说人言的猫妖精形象骚扰丹麦军队。丹麦人被这只会说话的大猫吓得够呛，经过几次折腾之后他们逃走了，依云得救了。

但安娜为了救自己的丈夫，违反了一个德鲁伊最多只能变八次猫的规矩，在第九次变成巨猫以后，她只能以猫的形象存在了。依云感激妻子的巨大牺牲，从此与这只猫不离不弃地生活在一起。

凯尔特诸神为这种真挚的爱情所感动，他们施展法力，让安娜可以在满月之夜恢复人形与丈夫团聚。每年八月一日，她也能够以人的形象在阳光下度过一整天。

善待猫，这就是故事中依云家族留给后代的座右铭。

七　地狱黑犬奎矢奇

狗在凯尔特神话中拥有极为特殊的地位，它被视为康复、拯救和庇护的象征。一般来说，凯尔特人对狗总是充满喜爱与欣赏之情的。例如，当威尔士人提起传说中的汪星人时，总喜欢讲讲民间故事中的忠犬格勒特的故事。这条猎犬生前生活在威尔士王宫中，它的主人是威尔士末代国王卢埃林。

卢埃林很信任爱犬格勒特，在外出游玩打猎时总是让这条忠诚的狗守家。有一天他从外面游猎回家，发现卧室一片狼藉。小王子睡的婴儿床被打翻，环顾室内不见孩子的踪影，只有满嘴鲜血的格勒特摇着尾巴。

卢埃林心中升起了一个可怕的念头：自己的狗因为饥饿吃掉了小主人！他的理智因为心疼孩子而消失得无影无踪，盛怒之下，他拔剑杀死了格勒特。中剑倒地的猎犬发出痛苦委屈的惨叫，这叫声唤醒了沉睡的婴儿，让他也跟着啼哭起来——孩子安然无恙，只是被扣在了翻倒的婴儿床下！

这时卢埃林在屋里发现了一头狼的尸首，显然是饿狼闯进卧室，被奋勇保护婴孩的格勒特咬死了！整整一天，错杀忠犬的国王都没有说话。最后，他将格勒特厚葬在王宫附近，据说此后人们不时会听到格勒特垂死时发出的委屈叫声。

格勒特的悲剧在18和19世纪曾反复出现在威尔士诗人的作品中，它的坟墓和纪念碑至今还耸立在威尔士的土地上。

在威尔士的传说中，格勒特并不是唯一出名的狗。只是另一条狗却不是以忠诚友善而名传后世的，它就是“黑暗之犬”奎矢奇。

古代不列颠人认为黑狗代表了邪恶的力量，所以奎矢奇被称为“地狱

地狱黑犬奎矢奇

古代不列颠人认为黑狗代表了邪恶的力量，所以奎矢奇被称为“地狱黑猎犬”也就不奇怪了。在威尔士的传说中，这条恶犬有着幽灵一般的外表，它的个头远比一般的狗要大，身上有很多只闪闪发亮的眼睛。它时常与雷电风暴一同出现，喜欢埋伏在偏僻小道的路口伏击过往行人。

黑猎犬”也就不奇怪了。在威尔士的传说中，这条恶犬有着幽灵一般的外表，它的个头远比一般的狗要大，身上有很多只闪闪发亮的眼睛。它时常与雷电风暴一同出现，喜欢埋伏在偏僻小道的路口伏击过往行人。

据那些曾经接触过奎矢奇的幸存者讲述：在夜晚的街道上，你会听见骇人的沉重呼吸声，看见黑暗中亮起血红的眼睛，接着一只巨大的獒犬的身影便从黑夜中跳了出来……

整个威尔士地区都有关于奎矢奇的恐怖传说，而苏格兰人提起这条狗的名字时也不寒而栗。在苏格兰传说中，奎矢奇的毛是墨绿色的。它被视为死神的使者，会出现在将死之人面前，直接带走他的灵魂。很多民俗学者认为，苏格兰人之所以认为奎矢奇毛色偏绿，是因为凯尔特神话中的精灵经常穿着绿外套。

奎矢奇的传闻在英格兰蔓延开后，曾经催生出一部经典名著：在德文郡的达特穆尔地区有邪恶乡绅理查德·卡贝尔的传说，据说他曾在打猎时到访地狱，将自己的灵魂卖给了恶魔。他死后不久，其坟墓周围就出现了徘徊着的魔犬奎矢奇，周围的乡亲们被吓得不轻，都说乡绅大人变成了恶魔的黑犬坐骑。正是这个古老的传说激发了柯南·道尔的灵感，令他提笔写出了著名的福尔摩斯探案小说《巴斯克维尔的猎犬》。

而在伦敦城里的新门监狱中，曾有个流传了四百余年的恐怖传说：1596年，一位学者遭到研习巫术的指控而被投入新门监狱等待审判。按惯例，这类罪犯通常会被绞死，但这位学者运气太差，恰好遇见了一群被典狱长克扣伙食，即将饿死的囚徒。于是，这个可怜人在上绞架前就被狱友们杀死并分而食之。死者的巫术很快显出了效果，一只愤怒的黑色地狱犬奎矢奇出现在新门监狱，将杀害学者的凶手逐一活活拖入地狱。被吓疯了的囚犯们杀死看守强行越狱，但奎矢奇仍然毫不留情地追逐纠缠着他们……

奎矢奇的名声在英格兰的约克郡也不大好，那里的居民认为这是一条无头的地狱犬，所有见到它的人都将在一年内死去。

不过并不是英格兰的所有地方都将奎矢奇视为洪水猛兽。在萨默塞特郡，这条黑色巨犬就被视为落单儿童的守护神，它会陪伴迷路的旅人走向正途。画风突变的例子还包括温彻斯特地区。在这里，奎矢奇被昵称为“大脚板”，它以善良仁慈的做派深得乡亲们的欢心。

奎矢奇不只出现在不列颠群岛。在法国的诺曼底地区，民间传说奎矢奇常常游荡在绞刑场上，它会将那些有罪者的灵魂拖回地狱。中世纪时法国吟游诗人曾经如此描述这条幽灵犬：“它沉默无言，它可怕之极，它的故事被将死之人四处传扬，所有见到它的人都再无生还的机会……”

有趣的是，中世纪时穿梭于不列颠群岛和欧洲大陆的走私犯们也因为奎矢奇的传说而产生了一种独特的迷信行为：饲养黑狗。他们相信，只要在登陆卸货时把黑狗丢弃在海滩上，就一定能安全完成交易。但在海峡上作业的渔民可不乐意见到走私犯们这么做，因为在他们眼中，黑狗出现就代表着海上的风暴将临……

在西班牙、比利时、德国和捷克的田野上，也有奎矢奇疾驰而过的身影。在这些国度里，这条黑色的巨犬被直接视为魔鬼的化身。随着大航海时代来临，欧洲殖民者将奎矢奇的传说带至新大陆，在今天的墨西哥和美国乡村中，依然有黑色地狱犬第一次带来喜悦，第二次带来悲伤，第三次带来死亡的传说。

八　无头骑士杜拉罕

在爱尔兰的神话故事里，杜拉罕是个画风独特的魔怪。这位全身重甲的骑士骑着黑骠马，挥舞着人脊柱制成的长鞭，身后的黑披风在风中猎猎抖动。

根据神话的描述，杜拉罕的脖子上空无一物，本来应该在上面的头颅不是被他举在手中，就是悬挂在黑骠马的马鞍上。虽然他没有了脑袋，却依然拥有超自然之力赋予的敏锐视力——只要将自己的头颅高高举起，杜拉罕就能看清楚方圆数英里内的一草一木。

杜拉罕的头上长着巨大的眼球，这眼球能够突然移动到任意角度去观察四周。他嘴中长满丑陋的龅牙，咧嘴大笑时嘴巴可以一直张到耳根处。

无头骑士杜拉罕不是不能说话，但每次出击时只能说一句话。

无头骑士杜拉罕

在爱尔兰的神话故事里，杜拉罕是个画风独特的魔怪。这位全身重甲的骑士骑着黑骠马，挥舞着人脊柱制成的长鞭，身后的黑披风在风中猎猎抖动。根据神话的描述，杜拉罕的脖子上空无一物，本来应该在上面的头颅不是被他举在手中，就是悬挂在黑骠马的马鞍上。虽然他没有了脑袋，却依然拥有超自然之力赋予的敏锐视力——只要将自己的头颅高高举起，杜拉罕就能看清楚方圆数英里内的一草一木。

在某些版本的传说里，他的头颅每次从地狱出击时都会先大吼一声要杀之人的姓名——杜拉罕与死亡密切相关，但他与报丧女妖班西的风格截然不同，见面时从不预告人的死期，而是直接上去取人性命。当他在奔驰中突然停顿，那就是他要杀人了。被他盯上的人无从逃遁，因为没有任何路障可以阻挡无头骑士的前进，所有的城门、高墙在他经过时都会自行开启。

在另一些版本的无头骑士传说中，杜拉罕会赶着六匹黑骠马拉的马车从地狱冲出。他的马车上悬挂着骷髅头制成的马灯，里面点着人油蜡烛用来照亮道路。车轮用人腿骨制成，马车的车篷则是墓地里被虫蛀烂的裹尸布，有时候车上还挤着一群报丧女妖作为随从。

赶着马车的无头骑士不会在出击时喊人名字，而是在追上要杀戮的目标时高举头颅大喊对方的名字，一旦他发出了这可怕的声音，对方就会立刻死亡。

无头骑士是非常古老的凯尔特传说故事，在骑士文化盛行的时代就已经传遍了整个欧洲。在亚瑟传说中，被仙女摩根派遣到卡美洛城向圆桌骑士发起挑战的绿骑士，其灵感就来自凯尔特神话中的无头骑士。

爱尔兰人传说，杜拉罕曾是一位凯尔特勇士，在战斗中落败遭人斩首。这位不甘失败的无头骑士每逢月黑风高的夜晚，便会骑着一匹同为亡灵的马出没于沉睡谷，四处寻找自己遗失的首级。每当他发现与自己生前长相相似者，便会斩其头颅带回冥界。

而苏格兰人则认为无头骑士是在攻打马恩岛时战败被斩首的苏格兰酋长尤恩。这位苏格兰汉子就算死也不肯服输，所以骑着冥界的战马不断重返人间寻求报复。

现代民俗学者则认为无头骑士是凯尔特神话里丰产之神克罗姆的化身。在凯尔特人的时代，德鲁伊教认为克罗姆为人类提供的丰收需要以人祭才能换得。而这种令人不寒而栗的人祭记忆流传到后世，便诞生了无头骑士这样的神话形象。

虽然无头骑士每次出击都是冤有头债有主，打击目标明确，但爱尔兰人还是暗自祈祷永远不要撞见在路上奔驰的杜拉罕。因为这个可怕的家伙会在经过你身边时泼你一桶鲜血，或是用人骨鞭子抽掉你的一只眼珠，作为你看到他的“奖励”。

所幸杜拉罕并不是天天都出来工作，他只在特定的爱尔兰节日的夜晚出没杀人，尤其是 8 月到 9 月之间，更是他频繁出没的时段。所以每逢这些日子，必须要走夜路的爱尔兰人就会在手腕上系上一个小小的金饰品，据说无头骑士害怕黄金的光芒，哪怕是一根小小的金针也能让人有效避开死亡骑士的追杀。

如果穷得买不起黄金，又撞上死亡骑士了该怎么办？要知道任何障碍都无法阻挡杜拉罕的进攻呀！不过爱尔兰人总会在故事里给自己留一条破解之道：在一则关于无头骑士的传说中，一位被他紧紧盯住的爱尔兰小伙子情急之下，甩出手里的南瓜灯套在无头骑士的脖子上，没想到歪打正着，竟然让无头骑士转身返回地狱里去了……

九　红色吸血鬼黛拉杜阿

在爱尔兰，关于吸血鬼的神话故事不少，除了那位滑稽的“巨人”阿巴特，还有一位被称为“红色吸血鬼”的姑娘让人印象深刻，她的名字叫黛拉杜阿。

传说在两千年前的凯尔特时代，爱尔兰岛东南部的某个乡村中有一位美丽的姑娘黛拉杜阿。这女孩皮肤白皙，双眸如水，红唇如血，长发如金，她出生在一个富裕家庭，从小衣食无忧，生活非常幸福。

长成少女的黛拉杜阿善良谦和，她愿意把自己的祝福送给哪怕一个过路的陌生人。爱尔兰人都仰慕姑娘的品德，爱慕姑娘的美丽。凯尔特的吟游诗人将黛拉杜阿誉为白天的太阳，夜晚的星辰，男人们沉醉于她的一颦一笑，女人们也想偷得她的一丝金发。有人宁愿横穿整个岛屿来到她身边，这不辞辛苦的跋涉只为能看她一眼。就连敌对部落的战士也愿意冒着生命危险来到姑娘的住处，以便悄悄放下表达爱慕的花束。

但是黛拉杜阿最后爱上的却只是本村一个贫穷农家的子弟。得知这消息后她的父亲简直要被怒火烧成灰烬！他教训自己的女儿：你不能嫁给一个穷鬼，你将失去金钱，没有钱怎么会有地位和幸福，怎么会有稳定的家

被丈夫虐待致死的黛拉杜阿，挣扎着爬出坟墓，在逐一杀死仇人的过程中，体会到了屠杀的快感，彻底变成了一个凯尔特吸血鬼。

红色吸血鬼黛拉杜阿

庭生活？

但倔强的少女忤逆了父亲的意志，她坚称自己的爱情已经给了这个英俊善良的少年，就算找来爱尔兰全岛所有的长角牛也无法将她的心拉回。

故事讲到这里，爱尔兰的吟游诗人常常会叹息，这个少年竟有如此幸运得到黛拉杜阿的爱情！遗憾的是，少年的名字已经随着时光消逝……

这对有情人终未成眷属，黛拉杜阿被父亲强行送到年老酋长的府邸，换取了一大笔彩礼。当父亲心花怒放地数着金币时，他的女儿却在洞房花烛夜受尽虐待——那个白发苍苍的新郎是个可怕的虐待狂，最能让他放松和愉悦的场景就是在黛拉杜阿白皙无瑕的躯体上放血。他心花怒放地吸食新娘的血液，赞美斑斑血迹是在人体上绽放的玫瑰花。

老酋长认为妻子只属于自己所有，他不许别人看黛拉杜阿哪怕是一眼。于是可怜的新娘被锁进楼塔，每天都在丈夫的变态嗜好下瑟瑟发抖，她再也无法感受阳光的温暖，漫步田野采摘鲜花和在河边垂钓更成为无法企及的梦想。但这姑娘拼命忍耐，绝望地等待，因为她相信心上人一定知道自己在受难，一定会将自己拯救出去。

但经过几个月的痛苦等待后，黛拉杜阿终于明白那个懦弱的爱人已经放弃了她。少年郎的喃喃情话，温柔月光下的海誓山盟，他守护她的誓言，都是筑在沙滩上的城堡，都成了过眼云烟。既然她的苦苦忍耐变得毫无意义，那么她也不再继续留恋尘世。

因为丈夫严加戒备，黛拉杜阿甚至找不到一把小刀或一根绳索来结束自己的生命。但这个受尽苦难的姑娘坚定地赴死，在爱尔兰人的传说中，她的死亡过程令铁石心肠的人都忍不住战栗：

黛拉杜阿悄悄地将每日的食物残渣藏起来，等它们彻底腐败变质后再悄悄吞下去，好让自己缓慢地中毒。据说她的中毒过程持续了数月之久——这是何等痛苦的自我凌迟！

终于，这姑娘在受尽痛苦折磨后离开了人世。在临死前她诅咒了爱尔兰的每一位神灵，也诅咒了自己。因为她知道自杀者的灵魂永不安息，她要的就是通过死亡获得复仇的自由！

按照爱尔兰人的传统，横死者的坟墓上要放置石块以防死者复活。但大家都知道黛拉杜阿的丈夫是个恶棍，也都知道这姑娘曾受尽折磨。大家为自己没勇气拯救这姑娘而自责，没有一个人有勇气提出在她的坟墓上压上石头。

就在下葬当夜，黛拉杜阿挣扎着爬出了墓穴！

她首先回到自己的家，她的父亲和兄弟姐妹依靠贩卖她得到的金钱过上了更富裕的生活，大家安卧在崭新的房子中，躺在柔软的天鹅绒被子里。

黛拉杜阿走进父亲的房间，看着这个给了自己生命又将自己推入地狱的人。獠牙从唇边缓缓伸出，她俯下身子，一口咬住了父亲的颈动脉，缓缓将所有生命气息都从这个罪人的身躯中抽离。

杀死父亲后，黛拉杜阿又来到酋长的宅邸。这位尊贵的体面人已经迎娶了另一位新娘，就在老新郎兴致勃勃地上演老把戏时，狂怒的黛拉杜阿冲进洞房疯狂地攻击他。爱尔兰人认为正是在杀死自己丈夫的过程，黛拉杜阿体验到了屠杀的快感。她以彼之道还施彼身，吸干了丈夫的血液，而鲜血令她感觉自己仿佛还活着。

于是，就在这一刻，黛拉杜阿彻底变成了一个凯尔特吸血鬼。

日复一日，年复一年，黛拉杜阿在荒野中游荡。每当午夜时分，一阵幽幽的歌声会将孩童和年轻人唤醒。他们受到这歌声的诱惑，就会不知不觉地跟随黛拉杜阿走入黑夜。

黛拉杜阿对爱尔兰展开无休止的惩罚：她引诱孩童偷他们的血，爱尔兰人发现孩子莫名其妙地虚弱生病，都会想到这是不是红色吸血鬼在作祟；而那些鬼迷心窍，贪慕黛拉杜阿美色的年轻人，更是会无法自控地走向她的坟墓，最终在荒野中失踪，死得不明不白。

这就是红色吸血鬼黛拉杜阿的故事，她的容貌美艳动人，她的故事令人感伤。虽然她不像欧洲其他的吸血鬼那样如丑陋的蝙蝠般潜伏在深夜里，苍白的脸上只有血淋淋的空洞眼窝，但她最终还是成为令人恐惧的魔怪，将自己的悲伤化作幽冥歌声，在无尽的夜晚虚空中回荡……